CEO의 삼국지

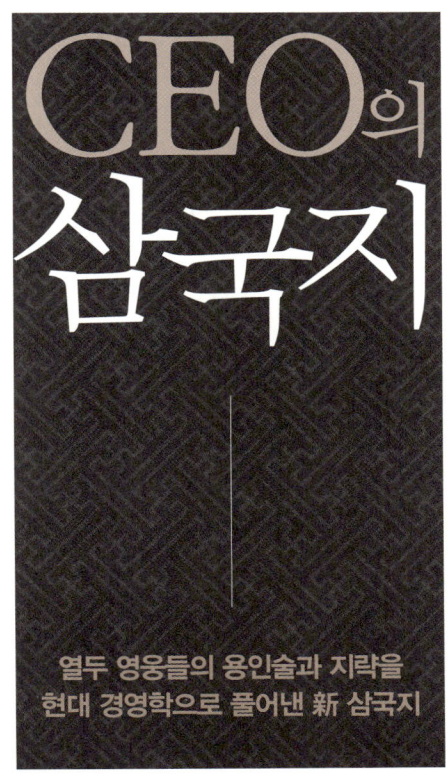

CEO의 삼국지

열두 영웅들의 용인술과 지략을
현대 경영학으로 풀어낸 新 삼국지

| 신동준(21세기 정경연구소 소장) 지음 |

청림출판

한 그루의 나무가 모여 푸른 숲을 이루듯이
청림의 책들은 삶을 풍요롭게 합니다.

■ 들어가는 글

위대한 인간학의 교과서, 삼국지

> 학문을 분류하는 방법에는 여러 가지가 있으나 인간을 중심에 두고 파악할 경우 크게 인간학과 자연학으로 나눌 수 있다. 이 중 인간학이란 인간과 관련된 모든 학문을 말한다. 자세히 말하자면 문·사·철로 요약되는 인문학, 정치·외교·군사 등과 관련한 국가과학, 사회·경제·문화 등의 사회과학이 이에 속한다.

특이하게도 동양에서는 의학도 인간학에 포함시켰다. 선비들이 의학을 하나의 교양처럼 익혔던 것은 우주만물의 중심인 인간을 보다 정확히 이해하기 위한 것이었다.

삼국시대에 활약한 화타는 의학을 교양으로 익힌 대표적인 인물이다. 『삼국지』 「화타전」에 따르면 당대 최고의 명의로 소문났던 그는 한 번도 자신을 의원이라고 생각한 적이 없었다. 선비가 의학지식을 갖추는 것은 하나의 교양에 불과할 뿐 이를 직업으로 삼는 것은 바람직하지 못하다는 생각에 따른 것이었다.

청조 말기 중국인으로는 사상 최초로 영국 왕립해군학교에서 유학했던 옌푸^{嚴復}는 북양수사학당의 교장이 된 후로도 10여 년이 넘는 동안 세 번이나 과거에 응시했다. 진사가 되어 정통 신사^{紳士}의 길을 걸으려 한 것이다. 서양의 최신 학문을 습득해 당대 최고의 지식인으로 불렸던 옌푸의 이러한 행보는 당시 중국의 독서인들 사이에서 선비에 대한 열망이 얼마나 컸는지를 잘 보여준다.

원래 동양에서는 문무^{文武}를 겸비한 가운데 인간과 관련한 모든 소양을 두루 갖춘 사람을 가장 바람직한 선비로 생각했다. 국난의 위기 상황이 닥치면 선비들이 붓을 내던지고 말을 몰며 의병을 지휘한 것도 바로 이 때문이었다. 당시 최고의 선비에 대한 평가는 '인간학에 얼마나 정통하는가'를 기준으로 삼았다. 따라서『삼국지』에 문무를 겸비한 여러 유장^{儒將}이 등장하는 것은 결코 우연이 아닐 것이다. 이는 인문학적 소양을 강조하는 21세기의 바람직한 리더십 유형과 닮아 있다.

『삼국지』에는 다양한 유장이 나온다. 대표적인 인물이 조조이다. 많은 사람들이 그를 무인^{武人}으로 알지만 조조는 원래 문인^{文人}이다. 그는 전장에서도 독서를 즐겼으며 감흥이 일 때면 시를 읊곤 했다. 또한 병법에 능해 전투를 벌일 때마다 탁월한 전술을 구사하여 매번 승리를 거두었다. 반면, 유비와 손권은 최상의 계책을 구사했음에도 번번이 조조의 책략에 넘어가곤 했다. 독서량이 부족했던 그들은 애초부터 조조의 상대가 될 수 없었던 것이다. 이는 곧 그들에게 인간에 대한 이해가 상대적으로 부족했음을 의미한다. 조조는 일찍이『도관산^{度關山}』에서 이렇게 역설한 바 있다.

하늘과 땅 사이에 사람이 가장 귀하니　天地間 人爲貴
군주 세우고 백성 거두며 규율 정했네　立君牧民 爲之軌則

　　그가 여기서 말한 '인위귀人爲貴' 구절이 바로 그가 평생을 두고 천착한 인간학의 핵심을 한마디로 요약한 것이다. 그는 인간을 제대로 이해해야만 치국평천하에 성공할 수 있다는 사실을 통찰하고 있었다.
　　애꾸눈 하후돈 역시 대표적인 유장이라 할 수 있다. 그는 전쟁 중에도 학자들을 군영으로 초빙해 가르침을 받았다. 조조는 하후돈의 이러한 면모를 높이 사 그를 당대 최고의 장수로 우대했다. 두 사람은 모두 문무겸전文武兼全의 자세로 인간학을 진지하게 탐구했다.
　　삼국시대는 춘추전국시대 못지않게 책사들의 기책奇策과 권모權謀, 궤도詭道가 난무하는 가운데 군웅들의 목숨을 건 패권다툼이 치열하게 전개된 시기였다. 21세기 비즈니스 스쿨의 새로운 화두로 등장한 인간학을 연마하는 데 이들 시대만큼 풍부한 사례를 제공하는 시기도 없다.
　　본서는 삼국시대의 대표적인 인물 열두 명을 선택해 이들의 행보를 21세기 경영 사례와 연관시켜 세밀히 분석했다. 최고통치권자를 비롯한 위정자 및 기업CEO들은 본서를 통해 삼국시대의 군웅들이 어떻게 난국을 헤쳐 나갔는지 쉽게 파악할 수 있을 것이다. 본서가 인간학을 연마해 비즈니스의 무대를 주도적으로 넓혀가고자 하는 모든 이들에게 하나의 지침서가 될 것을 기대해본다.

신동준

■ 차례

· 들어가는 글

제1장
하늘이 내린 최고의 전략가 | 조조

- 시대와 능력을 타고난 영웅 중의 영웅 _ 017
  난세를 사로잡아 이름을 떨치다
  참모를 중시하고 신상필벌을 관철하다
- 전략의 대가에게 배우는 승리의 비밀 _ 023
  임기응변으로 상대의 허를 찔러라
  속전속결, 미련 없이 돌아서라
  용인은 과감하게, 경영은 창조적으로
- 조조의 전략이 현대에도 통하다 _ 031
  발 빠른 움직임으로 시장을 석권한 기업들

제2장
감성으로 천하를 다스린 | 유비

- 충심을 부르는 인정의 리더십 _ 037
  선비는 자신을 알아주는 사람을 위해 목숨을 바친다
  천하제일의 감성리더십
- 상대를 움직이는 감성법칙 _ 043
  심금을 울려 마음을 사로잡아라
  인화를 활용해 신임을 얻어라
- 유방을 따라잡는 모방전략 _ 048
- 고객의 마음을 얻는 진심어린 마케팅 _ 051
  헌 신발을 새 신발로 바꿔주는 서비스
  아마존의 너그러운 선물

제3장
인재를 부르는 현명한 다스림 | 손권

- "아들을 낳으려면 손권과 같은 아들을 낳아라" _ 059
  부형의 도움으로 기반을 다지다
  지세의 약점을 수성의 강점으로 활용하다

- 훌륭한 리더의 조건은 탁월한 인재경영에 있다 _ 064
  어제의 적도 내 사람이 될 수 있다
  장점은 높여주고 단점은 곧 잊어라
  적절한 충고로 발전을 도와라

- 변화하지 않는 자, 최고를 논하지 말라 _ 071
  변화, 삼성성공의 비결
  도전 없이는 성장도 없다

제4장
정통성의 덫에 걸린 | 원소

- 명성은 관리해야 하는 것 _ 079
  '정통성'이라는 브랜드를 전면에 내세우다
  지키려는 노력은 필수다

- 승리를 거머쥐려면 과거의 안락함은 잊어라 _ 083
  순탄했던 과정이 자만심만 키웠다
  안주하는 순간 패배의 문이 열린다

- 패배를 피하는 필살의 기술 _ 093
  선례를 통해 지혜를 얻어라
  후계육성에 총력을 다하라

- 최고의 브랜드 가치가 장수기업을 만든다 _ 099
  스토리가 있는 브랜드를 만들어라
  보이지 않는 가치에 집중하라

제5장
패기로 가득 찬 타이밍의 귀재 | 사마의

- 정상을 향한 끝없는 욕심 _ 107
  적극적인 속도경영을 펼치다
  경험 많고 교활한 야심가

- 다가온 기회를 재빨리 내 것으로 만들어라 _ 113
  정확한 때를 살펴 명중의 활을 쏴라
  속도전과 지구전의 절묘한 결합

- 최고를 향해 빠르게 돌진하라 _ 123
  TV로 본 속도경영

제6장
체계적 경영으로 이름을 떨친 | 제갈량

- 완벽하지 않지만 훌륭한 관리자 _ 131
  허점투성이 제갈량
  최고의 공은 군사를 보필하는 것

- 약점을 덮어버린 제갈량의 강점 _ 137
  군사보다 행정에 밝았다
  인격은 고상하며 생활은 청렴했다

- 실패에는 반드시 책임이 따른다 _ 142
  가정전투의 진실

- 체계경영으로 일류를 꿈꿔라 _ 147
  실사구시 정신으로 신바람 나는 조직 만들기
  열정과 헌신을 이끌어내는 체계경영

제7장
전장의 책벌레 | 하후돈

- 지식과 무용을 동시에 갖춘 장수 _ 155
  전장에서도 배움을 게을리하지 않다
  절륜한 무예의 흔적, 애꾸눈 맹하후
- 지식경영의 본을 보인 탁월한 유장 _ 161
  선비의 인격을 지닌 너그러운 장수
  군주의 신임을 한몸에 받았던 유능한 신하
- 지식을 무기로 경영전쟁에서 승리하라 _ 165
  지식을 재활용하다
  개인의 지식을 세계와 연계하다
  임직원의 지식역량을 단계적으로 강화하다

제8장
유능한 설득가 | 주유

- 천하의 우인인가 당대의 현자인가 _ 173
  주유에 대한 재조명이 필요한 때
- 창조경영의 선례를 만든 현명한 선택 _ 176
  목숨을 바칠 군주를 고르다
  정확한 판단력과 폭넓은 정보수집
- 죽기 전까지 훌륭한 계책을 펼치다 _ 185
- 창조경영은 지식경영과 전략경영의 토대 위에 펼쳐진다 _ 188
  지식과 창조를 결합하다

제9장 진심을 담은 착한 마케팅 | 노숙

- 신뢰를 바탕으로 탁월한 지략을 펼치다 _ 195
  관후한 성품으로 백성을 사로잡다
- 뛰어난 선견지명으로 거대한 성과를 거두다 _ 199
  내실을 기하며 때를 기다리다 천하를 취하라
  손권을 웃게 만든 정족지계의 핵심
  전략적 제휴:유비를 이용해 동오를 지켜내다
  비범한 담력으로 과감히 움직이다
- 고객의 입장에서 생각하고 경영하라 _ 208
  돈이 된 착한 마케팅
  윤리경영과 이윤경영의 절묘한 결합

제10장 자존심 센 의리의 사나이 | 관우

- 의협의 전형, 관우 바로보기 _ 215
  그는 과연 의리의 표상인가?
  하늘을 찌르는 자존심
- 명분과 절의는 반드시 지킨다 _ 222
  공과 사가 충돌할 때
- 진정한 윤리경영은 이익을 배신하지 않는다 _ 226
  윤리경영으로 위기를 극복하다
  고식적인 윤리경영의 한계를 벗어나다
  기업윤리가 제일의 가치다

제11장
강력한 추진력이 빛나는 | 장비

- 술과 사람을 좋아한 장수 _ 233
  강직함이 화를 부르다
- 인정이 많은 공격적 경영자 _ 236
  호걸을 사로잡는 높은 안목
  과감한 선제공격으로 승리를 낚아채다
- 성급한 결단은 늘 화를 부른다 _ 243
  죽음을 부른 화급한 성미
  분노를 다스릴 줄 알아야 진정한 승자
- 불황기에 더욱 돋보이는 장비의 리더십 _ 247
  공격경영으로 정상을 노리다

제12장
오너마인드의 소유자 | 조자룡

- 겸손과 정의로 똘똘 뭉친 의로운 장수 _ 253
  눈앞의 이익보다 최선의 의를 추구하다
  지혜와 덕과 용기로 무장하다
- 무한한 심임을 얻어 탄탄한 기반을 구축하라 _ 258
  오너마인드로 회사를 내 것처럼
  지혜와 덕과 용기에 기초한 품질경영
- 품질경영이 일등을 만든다 _ 265
  품질경영으로 최고가 된 일본
  식스시그마로 정상을 탈환한 미국

- 참고문헌 _ 270

C E O

1

曹操

대다수 사람들은 조조를 '치세의 능신能臣(유능한 신하), 난세의 간웅奸雄(간사한 웅걸)'으로 여기고 있다. 그러나 앞으로 돌변하는 것은 상상하기 쉽지 않다. 당대의 인물평으로 유명한 허소는『후한서』에서 조조를 '치세의 간적(간큼 치세라면 간적으로 몰릴 수밖에 없을 그 뛰어난 탄천하呑天下(천하를 삼킴)의 기개와 출중한 기재奇才를 유감없이다. 조조를 치세의 능신, 난세의 간웅이라고 하는 것은 난세와 영웅의 상호관계를 근본적으로 왜곡한 것이나 다름

삼　　　　국　　　　지

능신과 난세의 간웅은 그 표현 자체가 모순이다. 기본적으로 치세의 능신이 난세의 영웅으로 활약하는 것은 생각할 수 있어도 난세의 간웅으로 … 영웅'이라 칭했다. 후한 말기의 어지러운 상황에서 허소가 조조의 운명에 초점을 맞춘 것은 바로 난세였다. 그는 조조에게, 난세가 도래한 만 …다. 제갈량이 유비를 처음 만나 천하삼분지계를 언급하면서 조조를 두고 '천시天時를 타고난 당대의 영웅'으로 평한 것도 이와 크게 다르지 않… 출현의 기본조건이 아닐 수 없다. 아무리 뛰어난 영웅의 자질을 지녔다 하더라도 난세라는 무대가 마련되지 않으면 이를 발휘할 도리가 없다.

조조

하늘이 내린 최고의 전략가

조조 曹操, 155~220

조조는 문무겸전의 인물이었다. 병서는 물론 사서, 경서, 문집 등 모든 방면에 걸친 폭넓은 독서를 즐겼으며 감흥이 일 때면 직접 시문을 짓기도 했다. 때문에 조조는 당태종과 청조의 강희제 및 건륭제 등과 같은 호학군주의 효시로 여겨진다. 조조는 능력위주의 과감한 인재등용, 적재적소의 인재배치, 공과에 따른 가차 없는 신상필벌 등을 내세워 삼국시대의 군웅 중 가장 방대한 영역을 다스리며 사실상 천하를 호령했다. 앞을 내다보는 통찰력, 기회를 정확히 포착하는 판단력, 일을 과감히 밀어붙이는 추진력, 미련을 남기지 않고 진퇴여부를 결정하는 결단력 등이 그를 '난세의 영웅'으로 만든 결정적인 요인이었다. 그러나 조조는 천하통일의 대업을 이루지는 못했다. 적벽전투 당시 자만심에 빠진 나머지 손권과 유비의 연합군을 얕본 것이 화근이었다. 그가 애써 세운 위나라가 끝내 사마씨에게 넘어간 것도 생전에 삼국통일의 대업을 완수하지 못한 사실과 무관하지 않았다.

시대와 능력을 타고난 영웅 중의 영웅

원래 치세治世(태평한 시절)에는 조선조 세종 때의 황희나 맹사성 같은 어진 신하는 나올 수 있어도 뛰어난 영웅은 나올 수 없다. 치세의 시기에 난세亂世(어지러운 세상)에나 어울리는 영웅의 자질을 지닌 자가 나타나면, 이내 반란을 일으킬 간적으로 몰려 죽임을 당할 가능성이 크기 때문이다. 동서고금의 역사를 돌아봐도 치세에는 세종대왕과 같은 성군은 몰라도 불세출의 영웅이 나타난 적은 없다.

그러나 난세의 시기에는 상황이 완전히 달라진다. 우후죽순처럼 등장하는 보통의 영웅들 사이에서 군계일학의 존재가 반드시 나타나게 마련이다. 시대가 보다 강력한 리더십을 요구하기 때문이다. 제2차 세계대전 당시 미국의 루스벨트와 영국의 처칠, 프랑스의 드골, 소련의 스탈린, 중국의 마오쩌둥이 동시에 등장한 것도 이러한 맥락에서 이해해야 한다. 시대가 인물을 만든 것이다.

이렇듯 난세는 영웅 출현의 기본조건이 아닐 수 없다. 아무리 뛰어난 영웅의 자질과 기개를 지녔다 하더라도 난세라는 무대가 마련되지 않으면 이를 발휘할 도리가 없다. 이는 마치 때를 잘못 만난 천리마가 평범한 말로 살아가며 마구간에서 덧없이 죽어가는 것과 같다. 천리마가 명실상부한 천리마가 되기 위해서는 종횡무진 내달릴 수 있는 드넓은 무대가 필요하다. 영웅의 자질을 지닌 인물에게는 난세가 바로 그 무대이다. 조조는 이 무대를 타고난 난세의 영웅이었다.

난세를 사로잡아 이름을 떨치다

대다수 사람들은 조조를 '치세의 능신能臣(유능한 신하), 난세의 간웅奸雄(간사한 웅걸)'으로 여기고 있다. 그러나 앞서 언급했듯 치세의 능신과 난세의 간웅은 그 표현 자체가 모순이다. 기본적으로 치세의 능신이 난세의 영웅으로 활약하는 것은 생각할 수 있어도 난세의 간웅으로 돌변하는 것은 상상하기 쉽지 않다. 당대의 인물평으로 유명한 허소는 『후한서』에서 조조를 '치세의 간적奸賊(간사한 도적), 난세의 영웅'이라 칭했다.

후한 말기의 어지러운 상황에서 허소가 조조의 운명에 초점을 맞춘 것은 바로 난세였다. 그는 조조에게, 난세가 도래한 만큼 치세라면 간적으로 몰릴 수밖에 없을 그 뛰어난 탄천하呑天下(천하를 삼킴)의 기개와 출중한 기재奇才를 유감없이 펼치라고 권한 것이다. 제갈량이 유비를

천리마가 명실상부한 천리마가 되기 위해서는
종횡무진 내달릴 수 있는 드넓은 무대가 필요하다. 영웅의 자질을 지닌 인물에게는 난세가
바로 그 무대이다. 조조는 이 무대를 타고난 난세의 영웅이었다.

처음 만나 천하삼분지계를 언급하면서 조조를 두고 '천시天時를 타고난 당대의 영웅'으로 평한 것도 이와 크게 다르지 않다. 조조를 치세의 능신, 난세의 간웅이라고 하는 것은 난세와 영웅의 상호관계를 근본적으로 왜곡한 것이나 다름없다.

참모를 중시하고 신상필벌을 관철하다

조조가 난세의 영웅이 될 수 있었던 것은 기본적으로 전략에 뛰어났기 때문이다. 전략과 전술은 기본전제부터 다르다. 인간경영의 차원에서 보면 전략은 남의 머리와 힘을, 전술은 자신의 머리와 힘을 이용하는 것이다. 이것이 바로 전략을 군도君道, 전술을 신도臣道의 차원에서 접근하는 이유이다. 그런 점에서 조조는 전략의 대가였다.

조조가 구사한 전략은 두 가지 특징을 지니고 있다.

첫째, 그는 야전野戰(전쟁터)의 장수보다 군막 안의 모신謀臣(꾀가 많아 모사에 뛰어난 신하)을 더 중시했다. 건안 8년(203)에 순욱에게 3공三公의 직책을 내릴 것을 청하는 표문이 이를 잘 보여준다. 당시 조조는 이 표문에서 기책밀모奇策密謀(기이한 계책과 은밀한 계모)의 효용을 다음과 같이 강조했다.

"전략을 짜는 것이 전공戰功의 으뜸이고, 계책을 내는 것이 포상의 기본입니다. 야전에서의 공적은 군막 안의 계책을 넘을 수 없고, 전공이 아무리 많을지라도 나라를 구한 공로보다 더할 수는 없는 것입니다."

이 표문은 순욱의 계책을 사용하여 여러 차례 큰 공을 세우게 되었음을 밝히기 위해 쓴 것이다. 당시 순욱은 자신이 직접 전공을 세운 것이 없다는 이유를 들어 직책을 받아들이기를 끝내 사양했다. 그러자 조조는 순욱을 설득하기 위해 다음과 같은 서신을 보냈다.

"그대와 함께 일을 하면서 조정을 바로 세우게 되었소. 그대는 바르게 보필하고, 많은 인재를 천거하고, 시의적절한 계책을 세우고, 은밀히 대책을 논의해 큰 도움을 주었소. 무릇 전공이란 반드시 전쟁터에서만 얻는 것이 아니오. 원컨대 그대는 이를 사양치 말기 바라오."

조조가 전공은 반드시 야전을 통해서만 이루는 것이 아니라고 역설한 것은 전략이 제대로 세워져야 승리를 거둘 수 있다는 병법의 기본 원칙을 천명한 것이나 다름없다.

둘째, 조조는 신상필벌信賞必罰의 원칙을 철저히 지켰다. 상벌을 엄히 하는 신상필벌의 원칙은 법가와 병가 모두 극도로 중시하는 것이기도 하다. 조조의 신상필벌 행보를 두고 사마광은 『자치통감』에서 이같이 평했다.

"조조는 공이 있는 자에게는 반드시 상을 주었고 천금을 아끼지 않았다. 그러나 공도 없이 상을 받으려는 자에게는 단 한 오라기의 털도 나눠주지 않았다. 법을 집행하는 것이 엄하고 긴박해 범법자는 반드시 죗값을 치르게 했다. 범법자를 보고 눈물 흘리며 애석해하면서도 끝내 사면치 않았다."

한때 조조는 장수들의 잦은 퇴각과 병사들의 도주로 크게 고심했다. 그는 마침내 건안 8년(203)에 법령을 포고하면서 『사마법』에 따라 퇴각한 장군을 사형에 처하고, 도주한 병사의 가족에 대해서는 연좌제를 시행할 뜻을 밝혔다. 서주의 도겸을 토벌할 때 수만 명을 처참하게 죽이고, 관도대전 때 거짓 투항한 원소군을 몰살시킨 것도 신상필벌의 원칙에 철저했던 그의 경영방침을 잘 보여준다.

    조조군의 준엄한 군율은 건안 16년(211) 천하평정으로 폐지될 때까지 무려 19년 동안 예외 없이 집행되었다. 당시 조조는 모든 면에서 이 원칙을 철저히 고수했다. 쉽게 예외를 두지 않았던 조조의 신상필벌 원칙은 훗날 조조가 천하를 호령할 수 있도록 만들어준 견고한 밑바탕이었다.

CEO 의 삼국지

전략의 대가에게 배우는
승리의 비밀

전략의 대가는 상대적으로 전술에 약할 수밖에 없다. 밑그림부터가 다르기 때문이다. 실제로 조조는 자신이 직접 지휘한 전투에서 적잖이 실패했다. 그럼에도 그가 늘 전쟁의 주도권을 장악할 수 있었던 것은 뛰어난 전략을 앞세웠기 때문이다. 유능한 책사의 머리와 뛰어난 용장의 무력을 사용한 전략적 비상함이 승리의 비밀이었던 것이다.

임기응변으로 상대의 허를 찔러라

조조의 전략경영을 전술적 차원에서 파악할 때 그가 가장 중시한 것은 바로 임기응변臨機應變이었다. 그가 임기응변을 얼마나 중시했는지는 『자치통감』 「황초원년」조에 나오는 사마광의 다음과 같은 평을 보면 쉽게 알 수 있다.

"조조는 적과 싸울 때 태연하고 천연덕스러워 마치 싸우지 않는 것처럼 보였다. 그러나 결정적인 기회에 결단하여 승세에 올라탈 때는 기세가 용솟음쳐 마치 돌을 뚫는 듯하였다."

일찍이 손자는 『손자병법』 「계편」에서 승리를 거두기 위해서는 전세戰勢를 장악하는 것이 필요하다고 했다. 조조는 전세 장악의 해답을 임기응변에서 찾았다.

"주도권 장악은 임기응변에서 나온다. 이는 상황변화를 좇아 수시로 전술을 변화시켜 주도권을 잡는 것을 말한다."

임기응변에 능하려면 적군과 아군의 전력은 물론 그 장단점을 분명하게 파악해야만 한다. 지피지기에서 출발해야만 구체적인 전술을 마련할 수 있는 것이다.

문제는 전장에서 구체적으로 승리를 거두는 비책이 무엇인가 하는 것이다. 아무리 임기응변에 능할지라도 구체적인 접전 상황에서는 승부를 예측하기가 쉽지 않다. 일찍이 손자는 「계편」에서 이렇게 말했다.

"병법은 결국 궤도(적을 속이는 책략)이다."

조조는 삼국시대 당시 손자가 역설한 궤도의 이치를 통찰한 인물이었다. 그렇다면 그는 과연 어떤 궤도를 구사한 것일까. 먼저 궤도를 어떻게 해석해 놓았는지 알아보자.

"병법에는 일정하게 정해진 틀이 없다. 오직 상황에 따라 궤사詭詐(적을 거짓으로 속임)하는 것만이 유일한 길이다."

그가 말한 궤사는 임기응변으로 구사되는, 일정한 형식이 존재하지 않는 무상형無常形의 모든 계책을 뜻한다. 그는 의도적으로 병사의 미약한 모습을 드러내 적장의 교만을 부추겨 방심하게 만들거나, 강력한 무력시위를 통해 적을 지레 겁먹게 만들거나, 허수아비 등을 이용해 적을 교란시켜 아군에 대한 판단을 흐리게 만들거나, 예상 외의 용병을 구사해 불시에 적의 허점을 찌르고 들어가는 등의 전술을 구사했다.

손자가 말한 궤도와 조조가 말한 무상형의 궤사는 주어진 상황에서 구사할 수 있는 모든 방안 중 가장 적절한 방안을 선택하는 것을 말한다. 이는 예상되는 모든 상황에 대한 주도면밀한 대비책이 전제되어야 가능한 것이다. 원래 전투에 임하면 반드시 승리해야 하는 것이 병법의 기본 원칙이다. 궤도와 무상형의 궤사를 단순히 간사한 꾀로 풀이해서는 안 되는 이유가 여기에 있다. 조조의 무상형의 궤사는 다음과 같이 전개되었다.

조조는 아군의 병력이 적보다 5배나 많을 경우에 비로소 적을 능히 공격할 수 있다는 손자의 주장을 수긍했다. 그러나 그는 이를 기본적으로는 인정하면서도 병력의 5분의 3만 정병正兵(꾀를 부리지 않고 정정당당하게 싸우는 군대)에 투입하고, 나머지는 기병奇兵(예측 불가능한 기묘한 전술로 적을 기습하는 군대)에 투입할 것을 주장했다. 그는 「모공」편에 주석을 달면서 여포를 깨뜨렸을 때의 경험을 토대로 손자의 주장을 이렇게 수정했다.

"적과 아군의 병력 차이가 10배가 되어야 포위할 수 있다는 손자의 주장은 적과 아군의 장수가 지략과 용맹에서 거의 같고 병사의 사기와 무기가 거의 비슷한 경우에나 통하는 것이다. 만일 적군이 약하고 아군이 강할 때는 병력이 10배까지 차이나지 않아도 된다. 나는 단지 2

배의 병력만으로 하비성을 포위해 저 용맹하기 그지없는 여포를 사로잡았다."

실제로 조조는 2배의 병력만으로 여포를 생포했다. 그가 실전에서 얼마나 탁월한 용병술을 구사했는지 여실히 보여주는 대목이다.

"병력차이가 2배 정도면 군사를 둘로 나눠 앞뒤에서 정병과 기병을 함께 쓴다."

조조는 여포를 사로잡을 때 수공水攻의 정공법을 구사하면서 이간책과 같은 의외의 전술을 동시에 구사했다. 소위 조조병법에 따를 경우 적과 아군의 병력이 2배만 차이 나도 얼마든지 적을 포위 공격할 수 있다는 실증적인 사례가 도출된 셈이다.

조조병법이 역설하는 승리의 열쇠는 허허실실虛虛實實이다. 상대방의 허를 찌르고 나의 실을 꾀하는 것으로, 이는 조조의 무상형의 궤사를 잘 표현해 준다.

임기응변으로 상대의 허를 찌르는 조조의 이 전략은 불리한 상황을 일거에 역전시켜 승리를 거둘 수 있게 해 주는 중요한 전략이 아닐 수 없다.

속전속결, 미련 없이 돌아서라

조조는 신속계를 매우 선호했다. 그가 군사를 이끌고 토벌전에 나설 경우 그 기간은 대략 7달을 넘기지 않았다. 속전속결의 신속계와 관련해 손자는 일찍이 「작전편」에서 이렇게 주장했다.

"전쟁에는 안팎으로 많은 비용이 지출된다. 외국사신을 접대하고, 활과 화살을 만들고, 전차와 갑옷을 계속 보충하기 위해서는 백성들로부터 하루 평균 천금이나 되는 비용을 거두어야 한다. 그래야 겨우 10만 명의 군대를 움직일 수 있다. 그러므로 전쟁은 속전속결로 이겨야 한다. 싸움을 오래 끌게 되면 병사들이 피로해지고 사기가 꺾이게 된다. 더구나 지구전으로 공성전攻城戰을 펼치면 병사들의 기세가 더욱 꺾이고 재정도 말라 버린다."

병귀신속兵貴神速(용병은 머뭇거림 없이 언제나 신속하게 행동해야 한다)이 강조되는 가장 큰 이유는 전쟁을 수행하는 동안 민력民力이 극도로 피폐해지는 데 있다. 조조가 신속계를 주창한 것도 바로 이 때문이었다. 그는 「작전」편에 주석을 달면서 병귀신속을 이같이 풀이했다.

"『손자병법』에서는 전쟁에서 이긴 뒤에 공을 세운 사람에게 나눠주는 포상금을 전비에 포함하지 않았다. 이를 합치면 전비는 더욱 늘어날 수밖에 없다. 지구전이 되면 병사들의 사기가 꺾이고 활과 화살이 무뎌져 피폐해진다. 보급이 어려워진다는 것은 민력이 다했다는 것을 의미한다. 전쟁이 오래가면 불리하다. 전쟁은 불과 같아 신속히 끝내지 않으면 장차 자신을 태우고야 말 것이다."

삼국시대에는 백여 차례의 크고 작은 전쟁이 잇따랐다. 거의 모든 삶을 전장에서 보낸 조조는 이겼을 때나 졌을 때나 병귀신속의 원칙을 엄수했다. 그는 관중의 장수가 형주의 유표와 손을 잡고 완성으로 진출해 허도를 기습하려고 하자 곧바로 여포에 대한 공격을 멈추고 군사를 돌린 바 있다. 원소와 건곤일척乾坤一擲의 관도대전을 벌일 때도 대승을 거두었지만 속전속결의 원칙에 입각해 곧바로 허도로 돌아왔다. 특히 패하거나 교착상태에 빠졌을 때 그의 철군 결단은 신속했다. 한중을 포기할 때 쓸데없는 미련을 버리고 신속히 퇴각한 것이 좋은 예이다. 관동의 호걸들이 동탁토벌의 연합군을 결성했을 때 그가 제시한 계책도 신속계였다.

이 속전속결의 전략은 조조가 36계 중 주위상^{走爲上}(도주가 최고의 계책이다)을 구사했던 것과도 일맥상통한다.

"적이 우세할 때는 적의 높은 성벽이나 견고한 진지를 뚫고 나가기가 거의 불가능하다. 그러므로 싸우지 말아야 한다. 적이 압도적으로 우세할 때는 결전을 피하여 도주해야만 한다. 압도적으로 강한 적군과는 정면에서 맞부딪쳐 이길 수 없기 때문이다."

조조가 속칭 36계 줄행랑을 대안으로 제시한 것은 기습공격이 통하기 어려운 상황을 언급한 것이다. 그렇다면 그는 그러한 상황에서는 적을 격파할 수 없다고 생각한 것일까. 그렇지는 않다. 그는 우선 적의 날카로운 기세를 피한 뒤 아군의 힘이 어느 정도 강화될 때까지 실력을 키울 것을 주문하고 있다. 전력이 현저히 차이가 나 승산이 없을 때는 무모한 도전을 삼가고 재빠르게 뒤로 물러서라는 것이다.

용인은 과감하게, 경영은 창조적으로

조조의 성공은 어지러운 난세의 시기에 적극 편승해 자신의 역량을 유감없이 발휘한 결과였다. 그는 사태의 본질을 꿰뚫어 보고 즉시 해결책을 찾아내는 비상한 능력을 지니고 있었는데, 그 능력의 중심에는 창조적 마인드가 자리하고 있다.

조조는 탁월한 지인력知人力과 용인술用人術을 발휘하여 난세의 영웅으로서의 면모를 여과없이 드러냈다. 인재가 있다는 얘기를 들으면 적과 아군을 가리지 않고 자기 사람으로 끌어들인 뒤 적재적소에 배치해 그들의 능력을 적극 활용했다. 당시 그가 구사한 용인술의 기본원칙은 능력 있는 자를 과감히 기용하는 것이었다.

조조가 구사한 인재기용원칙은 신상필벌의 원칙과 같은 맥락 위에 있다. 조조는 능력 있는 사람은 과감히 발탁해 능력을 마음껏 발휘하도록 지원하면서 공을 세운 자에게는 막대한 포상을 내리고, 실패한 자에게는 가차없이 그 책임을 물었다. 한비자韓非子가 역설한 법가의 용인술을 유감없이 발휘한 것이다.

또한 조조가 그렇게 빨리 두각을 나타내고 기반을 잡은 것은 기존의 윤리의식 및 가치관에 얽매이지 않고 새로운 시대에 부응하는 여러 제도를 과감히 정착시켰기 때문이었다. 기존의 틀에 얽매인 원소가 겉으로는 관인한 모습을 보이면서도 자신보다 뛰어난 인물을 곁에 두지 않는 옹졸한 모습을 보이다가 끝내 몰락한 것과 대비되는 대목이다.

끝으로 조조는 실패를 하면 반드시 그 원인을 찾아내 두 번 다시 동일한 잘못을 범하지 않아 실패를 전화위복의 계기로 삼았다. 실패학의 창시자인 일본의 하타무라 요타로畑村洋太郎는 이같이 언급한 바 있다.

"실패한 사람이 무엇을 어떻게 해야 할지 생각하지 않으면 실패를 반복할 수밖에 없다. 앞으로의 도전과 발전을 위해 실패의 원인을 분석하고 다시 창조적인 아이디어를 도출해 낼 때에야 비로소 실패가 가치 있어지는 것이다."

최후의 승리를 위해서는 잇단 싸움에서 패할지라도 좌절하지 않고 노력하는 자세가 필요하다. 두 번 다시 동일한 실수를 용납하지 않았던 조조는 창조적 마인드의 진수를 온몸으로 보여준 셈이다.

조조의 전략이 현대에도 통하다

동서고금의 수많은 전례(戰例)를 통해 알 수 있듯이 뛰어난 전략만큼 승리를 확실하게 담보하는 것도 없다. 간혹 막대한 물량공세로 승리를 거머쥐는 경우도 있으나 이는 아군의 출혈도 커 자칫 상처뿐인 승리로 끝날 가능성이 크다. 이에 반해 치밀한 전략은 상식을 뛰어넘는 다윗과 골리앗의 싸움을 가능하게 해준다. 적은 병력을 동원해 적군을 제압할 수 있다는 점에서 극히 과학적이기도 하다. 마스터플랜인 전략과 세부적인 작전지침인 전술을 유기적으로 결합시켜야 소기의 성과를 거둘 수 있는 것은 말할 것도 없다.

조조의 전략은 임기응변과 속전속결, 그리고 창조적 마인드를 기반으로 했다. 다음은 조조와 같은 전략을 구사한 기업들의 이야기이다.

발 빠른 움직임으로 시장을 석권한 기업들

잭 웰치는 과감하고 발 빠른 전략으로 GE를 세계적 기업으로 성장시켰다. 그는 특히 장기적 안목으로 경쟁력 있는 사업에는 크게 투자하고 한계사업은 과감히 철수하는 용단을 내렸다. GE는 그의 취임초기인 1980년도만 해도 기업가치 기준으로 업계 11위에 불과했지만 1992년부터 현재까지 업계 최상위 자리를 고수하고 있다. 과감한 투자와 철수라는 잭 웰치의 전략이 시장에 딱 들어맞아 거대한 결과를 얻을 수 있었던 것이다.

이탈리아의 주방용품회사 알레시가 생산하는 '안나 G'라는 이름의 와인오프너는 전 세계에서 1000만 개 이상 팔린 베스트셀러로 알레시의 대표작 중 하나이다. 와인오프너로 크게 성공한 알레시는 와인병마개, 후추통, 양초꽂이, 주방용 타이머 등에도 '안나'의 이름을 붙인 '안나 자매'들을 줄줄이 탄생시켜 공전의 히트를 쳤다.

최근의 연구결과에 따르면 소비자의 30퍼센트는 가격을 보고 물건을 사지만, 60퍼센트는 디자인 등 부가가치를 보고 제품을 구입하는 것으로 나타났다. 알레시는 늘어난 디자인 수요에 발맞춰 소비자를 매혹시킬 디자인을 상품전면에 부각시킴으로써 이러한 큰 성과를 얻게 된 것이다. 알레시의 성공은 21세기에 들어와 과학기술의 발전과 더불어 소비자들의 성향이 더욱 다양화하고 있는 점을 인식해 발 빠르게 대처한 결과라 볼 수 있다.

GE와 알레시는 모두 발 빠른 움직임으로 시장 상황을 정확히 분석해 성공을 거머쥐게 되었다. 이는 시기에 맞는 다양한 전략을 구사해 난세를 평정한 조조의 모습과 꽤 비슷하다. 전략의 중요성을 다시 한 번 일깨워 주는 사례가 아닐 수 없다.

C E O

2 劉備

유비가 가진 최대의 차별점은 인간적 매력이었다. 관우와 장비를 비롯해 미축과 간옹 등이 생사고락을 같이 하며 주고픈 충동을 일으켰고 유비 자신도 이를 깨닫고는 그것을 최대한 활용하였다. 그에게는 조조처럼 대단한 인물 따르는 심적 부담감을 가질 필요가 없었다. 또한 그는 인재가 있다는 얘기를 들으면 직접 찾아가 손을 맞잡고 비롯해 그와 함께 움직였던 사람들은 유비 개인에 대한 사적인 의리와 충성을 대의로 포장한 경우에 해당한다.

삼 국 지

것은 그의 인간적인 매력에 빠졌기 때문이다. 비주류라는 유비의 약점은 사람들에게 오히려 안도감을 주는 동시에 동정심을 유발해 도움을
주눅이 들게 만드는 요소가 없었다. 유비는 사적인 인연을 토대로 인재를 끌어모았기 때문에 모여든 인재들은 거창한 공의(公義)를 좇는 데에
하면서 도움을 구했다. 그가 서촉으로 들어가기 전까지 그의 휘하에 모인 인물 대부분은 유비의 이런 태도에 감동한 사람들이다. 제갈량을
관계를 바탕으로 한 어진 모습으로 끈끈한 유대의 기반을 세웠다고 할 수 있다. 인간적 매력으로 천하를 사로잡은 최고의 감성리더십이다.

감성으로 천하를 다스린 유비

 **유비** 劉備, 161~223

유비는 원래 아무 것도 가진 것 없이 빈손으로 출발했다. 그럼에도 조조와 자웅을 겨루는 위치까지 오르게 된 비결은 바로 주변 사람들에게 인재를 아울러 적소에 배치할 줄 아는 덕인으로 자신을 인식하게 만든 데 있었다. 이는 스스로 한실의 후예를 자처하며 한실부흥을 자신의 브랜드가치로 삼은 것과 같은 맥락이다. 그는 이런 수법으로 관우 및 장비와 도원결의를 맺은 후 유사한 수법으로 많은 인재를 끌어들였다. 삼고초려 끝에 제갈량을 군사로 맞아들인 것이 대표적인 실례이다. 이것이 바로 맨손에서 출발한 유비가 촉한의 황제 자리에 오를 수 있었던 이유다.

C E O 의 삼 국 지

충심을 부르는
인정의 리더십

『감성의 승리』를 쓴 사토 세이추佐藤正忠는 야후의 손정의 회장과 소니의 오가 노리오大賀典雄 회장의 공통점을 감성경영에서 찾았다.

19세 때 인생의 50년 계획을 세웠던 손정의가 존경하는 사람은 일본 전국시대의 패자 오다 노부나가와 메이지유신을 성사시킨 사카모토 료마이다. 노부나가는 인생을 50세로 보고 전국통일의 꿈을 차근차근 실현시켰고, 료마는 강한 추진력과 포용력을 토대로 메이지유신을 성사시켰기 때문이다.

도쿄 예술대학을 거쳐 독일에 유학해 성악을 전공한 오가 노리오는 어린나이에 소니 부장으로 입사해 자신보다 나이 많은 사람들을 아랫사람으로 두어야 했다. 이때 그는 기발한 아이디어를 직접 만들어 내 나이가 더 많은 부하직원들을 능히 이끌 수 있었다고 술회한 바 있다.

두 사람은 모두 감성을 성공의 조건으로 내세웠다. 작은 벤처기업에서 출발한 소니와 소프트 뱅크가 글로벌기업으로 우뚝 서게 된 데에는 이들의 감성리더십의 기여가 크다. 경제의 중심이 제조업에서 소프트웨어 산업으로 이동함에 따라 감성의 중요성이 날로 커져가고 있는 것이다.

늘 칭찬을 받으며 성장했던 손정의는 자신에게 무언가를 이룰 수 있는 힘이 있다고 믿게 되었으며 그것이 지금의 자신을 만들었다고 밝힌 바 있다. 유비가 조자룡을 비롯한 휘하 장졸들을 감동시킨 것도 이와 유사한 경우로 볼 수 있다. 직원들의 회식자리에 CEO가 자연스럽게 참석해 직원들을 격려하고, 때에 맞춰 직원들에게 편지를 보내 격려하는 것도 같은 맥락에서 이해할 수 있다.

선비는 자신을 알아주는 사람을 위해 목숨을 바친다

문사와 무사는 자신을 알아주는 사람을 위해 목숨을 바치고,
여인은 자신을 사랑해주는 사람을 위해 화장을 한다.
士爲知己者死 女爲說己者容

춘추시대 말기 진나라의 협객 예양의 일화를 소개한 『전국책』에 나오는 말이다. 당초 예양은 진나라의 권신인 범길석과 순인을 섬겼으나 제대로 인정받지 못했다. 이에 곧 또다른 권신인 지백에게 몸을 의탁하게 되었는데 지백은 그를 무척 총애했다. 그러던 중 진나라는 권신들에

의해 세 나라로 나누어졌고 전국시대가 열리게 되었다. 그 과정에서 지백은 조양자에 의해 죽임을 당하게 된다. 당시 조양자는 지백에게 극도로 원한을 품은 나머지 그의 두개골로 술잔을 만들기까지 했다.

이에 지백의 신임을 받았던 예양은 복수를 다짐하게 된다. 복수의 칼을 갈며 이름을 바꾸고 복역服役한 사람의 모습으로 조양자의 집으로 간 예양은 변소를 수리하며 기회를 틈타 그를 죽이려 하지만 이내 신분이 발각되어 잡히고 만다. 그러나 예양의 충성심에 감복한 조양자는 그를 처벌하지 않고 풀어준다.

복수를 포기하지 않은 예양은 다시 몸에 옻칠을 해 문둥병자처럼 가장한 뒤 조양자가 지나가는 다리 밑에 몸을 숨긴다. 그러나 다리를 지나던 조양자의 말이 다리 밑의 예양을 보고 크게 놀라 또다시 예양의 복수가 발각되고 만다.

조양자는 예양을 불러 놓고 이렇게 책망했다.

"그대는 당초 범길석과 순인을 섬기지 않는가. 지백이 그들을 멸망시켰을 때 그대는 주군을 위해 지백에게 복수하지 않고 오히려 지백을 섬겼다. 그런데 지백이 죽자 이번에는 무슨 이유로 그토록 고집스럽게 지백을 위해 복수하려는 것인가."

그러자 예양이 이렇게 대꾸했다.

"범길석과 순인을 섬길 때 그들은 나를 일반사람으로 대접했소. 그래서 나도 일반사람으로서 보답했을 뿐이오. 그러나 지백은 나를 국사國士로 대우했소. 이에 나 또한 국사로서 보답하고자 하는 것이오."

조양자가 탄식했다.

"그대는 이미 지백을 향한 충성으로 충분히 그 명성을 이뤘다. 더는 그대를 용서해 줄 수 없다."

예양이 부탁했다.

"내가 듣건대 '명군은 사람의 의를 감추지 않고, 충신은 목숨을 아끼지 않고 그 이름을 이룬다'고 했소. 군은 이미 나를 관대히 용서해 군의 덕망을 칭송하지 않는 자가 없소. 원컨대 군의 옷에라도 일격을 가하고 싶소. 그리하면 죽어도 여한이 없겠소."

조양자가 이를 수락하자 예양은 검을 빼들고 그의 옷을 향해 세 번 도약해 달려들어 찌른 뒤 큰 소리로 이같이 외쳤다.

"이로써 나는 지백의 은혜에 보답하게 되었다."

그리고는 칼 위에 엎어져 자결했다. 예양은 훗날 전국시대 말기에 진시황의 척살에 나섰던 연나라의 형가荊軻와 더불어 수천 년 동안 협객의 전형으로 칭송되었다. 지백 역시 예양을 국사로 대접한 까닭에 선비를 대우할 줄 아는 인물로 기록될 수 있었다.

천하제일의 감성리더십

남북조 때 송나라의 유의경이 쓴 『세설신어』에는 형주를 장악한 조조가 유비의 동료인 배잠에게 유비의 됨됨이를 물은 이야기가 기록되어 있다. 배잠은 유비에 대해 이렇게 말했다.

"만일 중원에 있으면 다른 나라를 어지럽힐 만하지만 치세를 이룰 정도는 못된다. 변경에 거점을 두고 험난한 요충지를 지킨다면 한쪽의 주인이 되는 정도는 가능할 것이다."

한쪽의 주인은 바로 서촉과 같은 천하의 한 귀퉁이를 장악할 정도의 그릇에 불과하다는 뜻이다. 당대의 유비에 대한 평가는 보통 이런 수준이었다. 확실히 유비는 객관적으로 볼 때 크게 내세울 게 없는 인물이다. 무예는 관우와 장비, 조자룡 등에 미치지 못했고 지모 또한 공명과 방통 등을 따르지 못했다. 뛰어난 무예와 지모를 두루 갖췄던 조조와 대비되는 대목이다. 또한 겉으로는 한실부흥을 외치며 황실의 후예라고 떠벌렸지만 유비 자신조차 집안의 정확한 내력을 몰랐으며 몰락한 가문의 후손일 뿐이었다. 이는 탄탄한 가문을 배경으로 한 손권과 대비되는 대목이다. 서울대 명예교수 최명이 『삼국지 속의 삼국지』에서 그를 쪼다로 비유한 것도 바로 이러한 그의 취약점들 때문이다. 그러나 유비에게 뛰어난 면이 전혀 없었던 것은 아니다.

유비가 가진 최대의 차별점은 인간적 매력이었다. 관우와 장비를 비롯해 미축과 간옹 등이 생사고락을 같이 하며 초기부터 그를 따라다녔던 것은 그의 인간적인 매력에 빠졌기 때문이다. 비주류라는 유비의 약점은 사람들에게 오히려 안도감을 주는 동시에 동정심을 유발해 도움을 주고픈 충동을 일으켰고 유비 자신도 이를 깨닫고는 그것을 최대한 활용하였다. 그에게는 조조처럼 대단한 인물을 만날 때 느껴지는 사람을 주눅이 들게 만드는 요소가 없었다.

유비는 사적인 인연을 토대로 인재를 끌어모았기 때문에 모여든 인재들은 거창한 공의公義를 좇는 데에 따르는 심적 부담감을 가질 필요가 없었다. 또한 그는 인재가 있다는 얘기를 들으면 직접 찾아가 손을 맞잡고 자신의 심경을 절절히 토로하면서 도움을 구했다. 그가 서촉으로 들어가기 전까지 그의 휘하에 모인 인물 대부분은 유비의 이런 태도에 감동한 사람들이다. 제갈량을 비롯해 그와 함께 움직였던 사람들은 유비 개인에 대한 사적인 의리와 충성을 대의로 포장한 경우에 해당한다. 그런 점에서 유비는 사적인 관계를 바탕으로 한 어진 모습으로 끈끈한 유대의 기반을 세웠다고 할 수 있다.

유비의 인간적인 매력은 충고를 받아들이는 태도에서도 극명하게 나타난다. 그는 비록 지감^{知鑑}은 뛰어나지 못했으나 남의 충고를 들으면 이를 받아들일 줄 하는 미덕을 갖추고 있었다. 노숙과 제갈량의 충언을 듣고 방통을 불러 독대한 뒤 중용한 일화가 이를 뒷받침한다. 만일 유비에게 이런 모습마저 없었다면 결코 천하를 넘보지 못했을 것이다. 실제로 유비가 서촉을 점거할 수 있었던 것은 방통의 계책을 받아들인 결과였다.

인간적 매력으로 천하를 사로잡은 그의 리더십은 가히 천하제일의 감성리더십이라 할만하다.

CEO의 삼국지

상대를 움직이는
감성법칙

사서를 보면 난세의 협객은 대개 자신을 알아주는 사람을 위해 목숨을 걸고 지우지은 知遇之恩(자신의 인격이나 학식을 잘 알아주고 대우해준 은혜)을 갚고자 하는 모습을 보인 것을 알 수 있다. 머리가 아니라 마음으로 대하는 것에 감성리더십의 효용이 있다. 임진왜란 때 적장을 껴안고 남강에 투신한 의기 義妓 논개의 행보는 자신을 알아주는 사람을 위해 목숨을 내던지는 난세의 협객과 사뭇 닮아 있다.

자신을 아껴주는 사람을 위해 목숨을 바치는 것에 남녀의 차이는 있을 수 없을 것이다. 차가운 머리 대신 뜨거운 가슴을 격동시키는 것이 감성리더십의 비책이라는 것을 보여주는 사례이다. 유비가 사용한 감성리더십에는 어떠한 것들이 있을까. 유비의 감성법칙을 살펴보자.

심금을 울려 마음을 사로잡아라

『삼국연의』를 보면 유비가 감성리더십을 활용한 사례를 쉽게 접할 수 있다. 가장 대표적인 사례는 장판교 싸움 당시 조자룡을 깊이 감동시킨 사건이다.

당시 상황의 급박함을 깨달은 유비는 어쩔 수 없이 처자식을 적진에 남겨둔 채 황급히 도주하고 만다. 적진에 남아있던 장비가 혼자서 장판교에서 조조군을 물리치는 극적인 상황을 연출한 것이 바로 이때이다. 그러나 여기서 중요한 것은 조자룡이 적진 속에서 유비의 처자식을 구출하기 위해 뛰어난 무용을 발휘했다는 사실이다.

진수陳壽는 『삼국지』 「조자룡전」에서 당시의 상황을 이렇게 기록해 놓았다.

"유비가 조조에게 쫓겨서 당양의 장판에 이르러 처자를 버리고 남쪽으로 도주했다. 조자룡은 유비의 어린 아들 아두를 안았으니 바로 후주後主(유선)이고, 감부인을 보호하였으니 바로 후주의 모친이다. 이들 모두 조자룡 덕에 난을 벗어날 수 있었다."

『삼국지』 「선주전」과 『자치통감』의 기록을 종합해 보면 유비는 조조의 군대가 몰려오자 처자식을 돌보지 않은 채 황급히 부하장수 수십 명과 함께 먼저 도망쳐 버렸고, 뒤에 남은 조자룡은 유선을 안고 감부인을 말에 태워 곧바로 쫓아갔다.

유비의 감성경영이 빛나는 대목은 그 다음 줄거리에 있다. 당시 천신만고 끝에 유비를 만난 조자룡이 아두를 공손히 바치자 유비는 아두를 땅바닥에 내던지고 이렇게 말한다.

"못난 자식 때문에 나의 훌륭한 장수를 잃을 뻔했다."
처자식보다 휘하 장수가 더 중요하다는 의중을 이같이 표현한 것이다. 장수의 가슴을 울린 유비는
이것으로 그들의 무한한 충성을 받기에 이른다.

"못난 자식 때문에 나의 훌륭한 장수를 잃을 뻔했다."

처자식보다 휘하 장수가 더 중요하다는 의중을 이같이 표현한 것이다. 이 말을 들은 휘하 장병들이 모두 눈물을 흘리며 충성을 맹세했는데 당사자인 조자룡은 더 말할 것도 없을 것이다.

유비는 아두를 대던지는 과장된 몸짓을 통해 처자식과 아끼는 장수를 버려둔 채 도주했다는 비난을 피한 것은 물론, 졸지에 부하 장수를 더 소중히 여기는 관인한 군주로까지 각인되었다. 상식적으로 판단할 때 조자룡이 적진을 뚫고 천신만고 끝에 데리고 온 아두를 내던지는 것은 비상식적인 기행에 불과하다. 아두는 그가 늘그막에 둔 유일한 혈육이기도 했다. 그의 언행은 분명 과장되고 졸렬한 것이 확실한데도 불구하고 결과적으로 휘하장수들의 심금心琴을 울려 충성심을 이끌어냈다. 심금은 이성적 판단이 아닌 감성적 자극에 공명하며 머리의 소관이 아니라 가슴의 소관이다. 장수의 가슴을 울린 유비는 이것으로 그들의 무한한 충성을 받기에 이른 것이다.

인화를 활용해 신임을 얻어라

흔히 조조는 천시天時를, 손권은 지리地利를, 유비는 인화人和를 얻었다고 말한다. 조조는 법가적 엄격함으로 철저한 능력주의를 채택했다. 이에 반해 유비 집단은 인정과 의리로 뭉쳤다고 할 수 있다. 실제로 유비의 곁에 모인 사람들은 주군이 곤경에 처했을 때도 그의 곁을 떠나지 않았다.

유비가 인화를 얻었다는 평을 받게 된 데에는 2인자인 제갈량을 전폭 신뢰하며 그에게 내정을 전적으로 맡긴 것이 크게 작용했다. 두 사람이 만난 것은 건안 12년(207)이었다. 유비의 나이는 47세, 제갈량의 나이는 27세였다. 당시 유비는 제갈량을 책사로 삼아 대업을 이루고자 했고, 제갈량은 유비를 통해 자기의 뜻과 이상을 실현하고자 했다. 그런 점에서 두 사람의 만남은 수어지교水魚之交에 해당했다. 유비가 조조 및 손권과 더불어 삼국정립의 한 축을 맡게 된 것은 20세 연하의 제갈량을 전폭 신뢰한 사실과 무관하지 않았다. 두 사람은 비록 군신지의君臣之義를 맺기는 했으나 그 바탕에는 20년의 나이차를 뛰어넘는 깊은 우정이 깔려 있었다.

일찍이 유비는 평원상平原相(평원국의 태수)으로 있을 때 관가의 창고를 열어 백성들에게 쌀을 나눠주고 부하들과 한 상에서 식사를 하는 모습을 보여주었다. 이것은 그가 얼마나 인화에 뛰어난 모습을 갖추었는지를 잘 드러낸다.

『삼국지』「선주전」의 배송지裴松之 주에 인용된 「영웅기」에 따르면 당시 유평이라는 자가 유비를 싫어해 마침내 자객을 보내 그를 제거하려 한 적이 있었다. 유비가 한실의 후예라고 떠벌리고 다니는 것을 혐오한 것이다. 그런데 유비는 유평이 보낸 자객에게 극진한 대우를 해주었고 이에 감동한 자객은 자초지종을 고하고서 그 자리를 떠났다고 한다. 그의 강점인 인화로 목숨까지 건질 수 있었던 것이다.

C E O 의 삼 국 지

유방을 따라잡는
모방전략

『초한지』와 『삼국지』를 읽은 사람들은 유비가 유방과 사뭇 닮아 있다는 사실에 내심 놀라움을 금치 못한다. 건달 출신으로 학문보다는 유협들과 어울리기를 좋아하고, 어지러운 난세를 틈타 천하를 거머쥐고자 하는 야심을 품은 점 등이 그렇다. 어떻게 4백여 년의 세월이 흘렀는데도 이처럼 유사한 행보를 보일 수 있었던 것일까. 진수는 『삼국지』에서 유비를 유방과 같은 차원에서 평해 놓았다.

"유비는 도량이 넓고 의지가 강하며 마음이 너그러웠으며^{弘毅寬厚}, 인물을 알아볼 줄 알고 선비를 예우할 줄 알았다^{知人待士}. 그는 한고조 유방의 풍모를 지니고 있었으니 실로 영웅의 그릇이었다."

유비에게 유방의 풍모가 많이 나타났던 것은 기본적으로 두 사람이 생래적으로 닮은 점도 있었으나 그보다 더 큰 이유는 유비가 유방을 철저히 흉내냈기 때문이다. 유방은 본인의 자연스러운 성정을 좇아 영웅의 풍모를 보여준데 반해 유비는 의도적으로 영웅의 풍모를 내비쳤던 것이다. 대표적인 예로 처자식에 대한 태도를 들 수 있다. 유방이 항우의 군중에 부친과 부인을 놓아두고, 적의 추격을 따돌리기 위해 달리는 수레에서 발로 자식들을 밀어내는 모습은 당시의 정황상 극히 자연스러운 모습이다. 상황이 매우 급박했기 때문이다. 그러나 유비가 조자룡이 애써 구해 온 아두를 땅바닥에 내동댕이치는 모습은 뭔가 부자연스러우며 의도적으로 연출했다는 의심을 사기에 충분하다. 이것은 속셈을 전혀 드러내지 않은 채 상황에 따라 의도적으로 가장된 행동을 취한 것으로 볼 수 있다. 자신의 성정을 있는 그대로 드러내는 유방과 대비되는 대목이다.

유비의 관인한 모습은 유방을 흉내 낸 결과로 풀이할 수밖에 없다. 그러나 비록 의도적 연출이기는 했지만 유비의 연기가 빚은 효과는 부정할 수 없을 만큼 크다. 제갈량을 비롯한 휘하 장수들이 죽을 때까지 그를 배반하지 않고 충성을 다했으니 말이다. 유비의 지속적인 떠벌림에 사람들이 점차 그를 황실의 후예로 인정하며 대접하게 된 것도 같은 맥락에서 이해할 수 있다.

『후흑학』의 저자 이종오는 이런 점에 주목해 유비가 유방보다 한 수 위의 용인술을 발휘한 것으로 평가했다. 용인술의 비결은 상대가 구사되는 술책을 전혀 눈치 채지 못한 채 이를 액면 그대로 믿도록 만드는 데 있다. 이종오가 낯이 두껍고 흑심을 품고 있다는 뜻의 후흑술厚黑術을 역설한 이유가 여기에 있다. 유비는 알면서도 모르는 척 위장하여 주변 사람들로 하여금 자신을 군자로 인식하도록 만드는 일련의 연기를 거리낌 없이 구사했다. 낯이 두껍지 않으면 절대 불가능한 일이다.

그러나 큰 틀에서 보면 유비는 결코 유방을 넘지 못했다. 대표적인 예로 관우와 장비가 죽은 후 동오 정벌에 나선 것을 들 수 있다. 그의 정벌계획은 당시의 객관적인 상황에 비추어 볼 때 매우 무모한 일이었다. 그러나 그는 이를 강행했으며 결과는 말할 것도 없이 참패였다. 유방이라면 이런 무모한 전쟁을 하지 않았을 것이다.

후흑술에서도 유방이 한수 위라고 볼 수 있다. 아비를 삶아 죽이겠다고 위협하는 항우에게 얼굴색 하나 변하지 않고 자신에게도 국물 한 그릇을 달라고 한 유방을 어찌 후흑의 대가라 칭하지 않을 수 있겠는가. 마지막으로 유방이 마침내 항우를 제압하고 한제국의 창업주가 된 데 반해 유비는 천하의 한 귀퉁이를 차지한 채 스스로를 황제로 칭하는 것에 만족해야 했던 것도 유방이 유비보다 낫다는 것을 한 번 더 보여준다.

CEO의 삼국지

고객의 마음을 얻는
진심어린 마케팅

총성 없는 경제전쟁으로 표현되는 21세기의 각박한 경영환경 속에서 고객에 대한 서비스는 기업의 생존을 위한 최소한의 조건이라고 할 수 있다. 최고의 서비스로 고객을 감동시켜 단골로 만들고자 하는 것은 크고 넓은 마음으로 부하의 마음을 울려 자신에게 충성하게 했던 유비의 그것과 크게 다르지 않다.

우리나라 유수의 기업들은 현재 모든 분야를 막론하고 고객경영을 외치고 있다. 이는 비단 기업의 일만은 아니다. 정부 부처 역시 거의 예외 없이 국민만족을 기치로 내걸고 있다. 그러나 과연 고객감동은커녕 고객만족을 느낀 사람이 얼마나 될까.

대다수 기업들이 고객일등주의 등의 현란한 수사로 포장된 고객감동경영을 목표로 내걸고 있긴 하지만 정작 고객들은 이를 실감하지 못하고 있다. 대개의 경우가 불만족을 해결하는 소극적인 서비스에 그치고 있기 때문이다. 말뿐인 고객만족은 차라리 내세우지 않느니만 못하다. 다음은 고객감동을 성공적으로 실현한 기업의 이야기이다.

헌 신발을 새 신발로 바꿔주는 서비스

미국의 노드스트롬 백화점은 어떤 상황에서도 고객에게 절대 '아니오'라고 말하지 않는다. 이 회사는 삼성을 비롯한 굴지의 글로벌기업들이 벤치마킹의 대상으로 삼을 만큼 고객 서비스 분야에서 타의 추종을 불허하고 있다.

이 백화점은 1901년 구두 상점으로 문을 연 이후 현재의 4세대 경영자에 이르기까지 최고의 서비스 기업으로 성장했다. 스웨덴 출신의 창업자 존 노드스트롬은 1901년 월린 앤 노드스트롬이라는 구두 상점을 열었다. 고객 앞에 무릎을 꿇는 것부터 배운 그는 고객 서비스를 자연스럽게 몸에 익혀 이를 최고의 경영 가치로 삼았다. 이런 서비스 정신은 이후 경영자부터 일선 직원에 이르기까지 모든 임직원이 몸에 익혀야 하는 하나의 회사전통이 되어 100여 년 동안 변함없이 유지되고 있다.

이 백화점은 외부고객보다 내부고객을 먼저 섬긴다. 여기서 내부고객은 바로 직원이다. 이는 직원들을 만족시키지 못한 상태에서는 결코 외부고객에게도 최상의 서비스를 제공할 수 없다는 신념에서 나온 것이다. 직원들에게 충분한 보상을 제공해 회사에 주인의식을 갖게 하면, 직원들은 그러한 마음가짐으로 진심을 다해 고객을 섬기게 되는 것이다.

　이곳의 서비스 정신은 극히 간단하다. 어떤 상황에서도 고객에게 가장 좋다고 생각하는 것을 실행하는 것이다. 이는 일선 직원에게 전폭적인 권한위임을 한 데서 나온 것이다. 이곳에서는 상부의 지시에 따라야 한다는 말이 없다. 재량권을 부여받은 직원들은 책임감을 갖고 고객들을 대하게 되고 고객들은 더욱 직원을 신뢰하게 되어 물건을 구입하는 데 주저함이 없다. 직원들을 믿고 맡기는 정책이 그 어떤 규칙보다 큰 효과를 발휘한 것이다.

　구체적인 예는 이러하다. 이 백화점은 할인기간 중 해당 상품이 품절되면 다른 백화점에서 정상가격으로 구입한 뒤 할인가격으로 판매를 이어간다. 한번은 입점한 매장이 양복 수선날짜를 어기자 200달러짜리 양복을 90달러의 특송료를 지불해가며 고객의 출장지까지 배달해주기도 했다.

　무엇보다도 이곳의 반품정책은 가장 큰 주목대상이다. 고객의 실수로 물건에 하자가 생겼을 때도 주저 없이 반품해 주는 것은 물론 구입한 후 몇 년을 신다가 가져오는 신발까지 아무런 조건 없이 반품해 주기도 한다. 이런 파격적인 반품정책은 입소문을 타면서 그 어떤 광고와도 비교할 수 없는 엄청난 효과를 가져다주고 있다.

　고객의 입장에서 볼 때 이러한 서비스는 만족이 아니라 거의 감동 수준일 것이다. 고객감동은 결코 구두선처럼 말로 이룰 수 있는 것이 아니다. 반드시 구체적인 실천이 뒤따라야만 한다. 기업장수의 비결을 바로 여기에서 찾을 수 있다. 때문에 기업CEO의 강고한 의지가 필요할 것이다.

아마존의 너그러운 선물

세계적인 인터넷 서점인 아마존도 감동경영에 성공한 사례에 속한다. 이는 아마존 웹사이트가 가장 폭 넓은 범위의 소비자 선택을 가능하게 하는 것과 관련이 깊다. 열성적인 30퍼센트의 고객들은 아마존의 서비스에 깊이 감동한 나머지 다른 곳은 쳐다보지도 않는다.

아마존은 물건을 받지 못해 애가 탄 한 고객이 항의메일을 보내자 그 다음날 바로 전 세계 네트워크를 보유한 페덱스를 통해 주문한 물건을 다시 보내주면서 이같이 회신한 바 있다.

"만약 첫 번째 발송한 물건이 도착했다면 아마존의 너그러운 선물이라 생각하고 그냥 받아주십시오. 혹시 그 책이 필요 없다면 주변에 유익하게 사용할 수 있는 사람에게 전해주십시오."

이러한 서비스에 고객은 감동할 수밖에 없다. 이는 아마존이 보유한 데이터베이스 관리능력과 무관하지 않지만 근본적으로는 고객감동을 추구하는 경영철학에서 나온 것이다. 아마존 고객서비스는 불편을 호소하는 고객의 생생한 체험을 토대로 개선이 시행된다.

고객만족도는 고객에게 제공된 기업의 서비스가 고객의 기대에 부합하는지 여부에 따라 판가름 나게 마련이다. 이에 반해 고객감동은 고객의 기대에 부응하는 차원을 넘어 이를 초월할 때 나타난다. 고객감동이 고객만족에 비해 차원이 훨씬 높은 것이다. 21세기의 소비자들은 고객만족 차원을 넘어 고객감동 차원의 서비스를 요구하고 있다. 기업의 흥망성쇠가 고객감동에 달려 있다고 해도 과언이 아닌 셈이다.

C　　　　　　　　　E　　　　　　　　　O

3

견인으로 요약되는 손권의 리더십은 소진蘇秦과 장의張儀로 대표되는 종횡가의 사상을 대표하고 있다. 전국시대 특
로 구사한 배경이 여기에 있다. 실제로 손권은 조조의 위나라와 유비의 촉한을 사이에 두고 시의를 좇아 적과 친
던 것도 수성에 전념한 사실과 관련이 있다. 탁월한 지략을 지닌 조조를 비롯해 천하의 효웅인 유비와 대치하기
이지 못한 한계가 있었음을 부인할 수는 없다. 신권세력을 제압하지 못한 채 시종 한 자리에만 머물렀던 것은 그

孫權

삼 국 지

굴능신龍能神의 연횡술連橫術로 일세를 풍미했다. 연횡술의 가장 큰 특징은 시류에 따라 수시로 행보를 바꾸는 것이다. 종횡가들이 궤도를 수시 부형의 유산을 지키는 데 혼신의 노력을 기울였다. 수성을 위해 연횡술을 구사한 것이다. 손권이 조조, 유비와 달리 50여 년 동안 보위를 지켰 려준 기업을 잘 보존해야 했던 것이다. 주어진 상황에서 나름대로 최선을 다한 것이다. 그럼에도 그가 부형처럼 천하통일의 웅지를 제대로 보 1에게 군주의 자리를 안긴 부형의 도움은 그로 하여금 천하의 한 축을 담당하게는 하였으나 그를 천하통일의 주역으로 만들지는 못했다.

손권

인재를 부르는 현명한 다스림

손권 孫權, 182~252

손권은 부친 손견과 형 손책이 다져놓은 탄탄한 기반 위에서 출발했다. 때문에 일각에서는 그를 '수성에 능한 조연 배우'로 혹평한다. 실제로 그는 천하통일의 의지를 한 번도 제대로 보여주지 않았다. 그러나 그가 야망이 없어서 그런 모습을 보인 것은 아니었다. 당시 손권은 춘추전국시대 이래 호족세력이 극성했던 강동 지역을 다스리기 위해 많은 노력을 기울여야만 했다. 그가 때론 촉과 손을 잡고, 때론 위와 동맹을 맺는 등 오락가락한 행보를 보인 것도 급변하는 주변정세에 따른 임기응변이었던 것이다. 손권은 휘하의 장수들을 적소에 배치해 소기의 성과를 거두는 용인술의 귀재였다. 비결은 바로 부하를 전적으로 믿고 모든 것을 맡기는 것이었다. 구훈인 장소와 주유, 노숙 등이 죽을 때까지 충성을 다하고, 여몽과 육손 등의 신진이 사력을 다해 맡은 바를 다한 배경이 여기에 있다. 삼국시대 당시 '선비는 알아주는 사람을 위해 목숨을 바친다'라는 전국시대 고사의 가르침을 그대로 관철시킨 탁월한 용인술을 발휘한 군주는 오직 손권 한 사람 밖에 없었다.

"아들을 낳으려면 손권과 같은 아들을 낳아라"

건안 18년 정월, 유수수濡須水 어귀로 진군한 조조의 군사는 40만 대군을 운운하면서 손권의 장강 서안의 영채를 공격했다. 이에 손권은 군사 7만 명을 이끌고 와 조조의 남진을 막았다. 조조가 군사 1백여 명을 이끌고 산비탈에 올라가 멀리 바라보니 동오의 전선들이 각각 대오隊伍를 이루어 정연히 차례로 늘어선 모습이 눈에 들어왔다. 이에 조조는 이렇게 탄식했다.

"아들을 낳으려면 응당 손중모孫仲謀(손권)와 같은 아들을 낳아야 한다. 유경승劉景升(유표)의 아들은 개돼지에 불과할 뿐이다."

동오를 공격하는 것이 불가능하다고 판단한 조조는 이내 철군했다. 조조의 눈에는 별다른 저항도 없이 투항한 유표의 아들 유종과 정예병을 이끌고 반격에 나선 손권의 모습이 극명하게 대비되었을 것이다.

부형父兄의 도움으로 기반을 다지다

　사람들은 유비와 조조, 제갈량에 대해서는 열변을 토하면서도 손권에 대해서는 그리 많은 이야기를 하지 않는다. 이야기를 할지라도 대개 인물 전반에 대한 촌평을 하는 정도이다. 심지어 삼국의 역사를 전문적으로 연구하는 사람조차 그를 상대적으로 소홀히 다루고 있다. 그러나 아들을 낳으려면 손권과 같은 아들을 낳아야 한다는 조조의 말처럼, 손권은 이런 대접을 받기에는 그 기량이 매우 뛰어난 인물이었다.

　동오는 손권의 아버지인 손견이 창업하고 2대인 손책이 기반을 넓힌 다음 3대째인 손권 대에 이르러 명실상부한 나라의 틀을 갖추었다. 손견과 손책은 모두 젊은 나이에 강동을 기반으로 하여 창업의 기틀을 다졌다. 이는 조조보다도 훨씬 빠른 것이었다. 다만 두 사람은 불행히도 일찍 죽었기 때문에 웅지를 펼치지 못했을 뿐이다.

　손책의 경우 무예는 물론 담력과 지략까지 출중했고, 천하를 거머쥐고자 하는 웅지는 하늘을 찌를 듯했다. 싸울 때마다 승리하지 못한 적이 없었고 공격할 때마다 함락하지 못한 곳이 없었다. 더구나 용모가 뛰어나고 우스갯소리도 잘하며 남의 말을 경청할 줄 하는 매우 활달한 성격의 인물이었다. 그와 사귄 사람들은 누구나 마음을 다하여 그를 위해 기꺼이 목숨을 내던지고자 했다. 오나라의 건국공신인 장소와 주유, 노숙, 정보, 황개 등이 모두 손책의 인품에 반해 그의 수하가 되기를 자청하였다.

　그러나 경솔했던 손책은 사냥을 나섰다가 적이 쏜 독화살을 맞고 만다. 자리에 몸져눕게 된 그는 임종 즈음해 손권에게 이렇게 말했다.

"나는 강동의 군사를 거느리고 두 진영 사이를 오가며 전략을 세웠다. 천하의 영웅들과 승패를 다투는 것은 네가 나만 못하나 현능한 자를 과감히 발탁하여 그들로 하여금 충성을 다해 강동을 보위하도록 하는 것은 내가 너만 못하다."

손책의 뒤를 이어 손권이 즉위할 당시 그의 나이는 겨우 18세에 불과했다. 그럼에도 불구하고 그가 즉위할 당시 중원에서도 감히 그를 무시할 수 없었던 것은 전적으로 부형인 손견과 손책 덕분이었다.

여기에는 뛰어난 신하들의 보필이 크게 작용했다. 『삼국지』「장소전」의 주에 인용된 『오력』에 따르면 손책은 죽기 직전 핵심측근인 장소張昭를 불러 다음과 같이 신신당부했다.

"만약 중모가 일을 맡을 수 없는 재목이면 그대가 곧 스스로 권력을 취하도록 하시오."

장소는 그 말의 취지를 즉각 알아차리고는 곧 손권을 말에 태워 전군의 사열을 받도록 배려하고, 각지의 장교들에게 맡은 바 직무에 충실 하라는 명을 내렸다. 이로써 동오는 급작스런 군주의 죽음으로 인한 침체국면을 신속히 벗어날 수 있었다.

지세의 약점을 수성守成의 강점으로 활용하다

예로부터 손권이 인구도 많고 물산 또한 풍부한 강동을 차지했으면서도 천하통일의 위업을 이루지 못한 것을 두고 논란이 많았다. 막강한 위세를 자랑하던 강동 호족들의 견제 등 여러 원인이 복합적으로 작용했던 것은 사실이지만 그가 부형만한 웅지와 자질을 지니지 못한 점을 근본원인으로 지적하는 견해가 있다. 강동의 호족을 제압한 뒤 이들의 힘을 하나로 합쳐 중원을 도모하려고 시도하기는커녕 강동에서 수성(조상이 이미 이루어 놓은 것을 이어서 지킴)에만 매진했다는 것이다.

그러나 이에 대한 유력한 반론이 있다. 동오 내부의 문제로 발목이 잡힌 까닭에 천하통일의 웅지를 제대로 펼칠 수 없었다는 것이다. 이들은 『삼국지』「오주전」에 나오는 다음 대목을 근거로 들고 있다.

"손씨 일문의 지배는 겨우 회계와 오군, 단양, 예장, 여릉에 미치고 있을 뿐이었다. 오지의 험준한 지역에는 복종을 거부하는 산월山越 세력이 있었고, 또 여러 지역에 할거하는 힘 있는 호족들과 망명한 인재들은 정세를 관망하며 거취를 분명히 하지 않고 있었다. 오나라에는 견고한 군신관계가 아직 확립되어 있지 않았다."

이들은 당시 오군의 8족 4성 또는 회계의 4성 등으로 불린 호족들이 종종 산월을 선동하여 손씨 일문의 지배에 타격을 가하려 했던 점을 근거로 제시하고 있다. 사실 『삼국지』를 보면 손권이 산월족을 평정하기 위해 쉼 없이 힘을 소진하는 대목을 쉽게 접할 수 있다. 그가 천하통일에 나서려 할지라도 우선 이들 산월족부터 제압해야 한다는 부담을 안고 있었던 것이 사실이다. 그런 점에서 손권의 수성에 결정적인 도움을 준 강동의 지리는 일정부분 역기능으로 작용한 셈이다. 많은 사람들이 그의 리더십을 창업이 아닌 수성의 차원에서 논하는 것과 관련이 깊다.

원래 수성은 『정관정요』에서 당태종이 말한 것처럼 결코 창업보다 낮게 평가할 수 있는 것이 아니다. 수성의 차원에서 볼 경우 손권은 오히려 조조 및 유비보다 뛰어난 바가 있었다. 변화무쌍한 시류를 좇아 유연한 모습을 보인 것이 그 증거이다. 이는 치욕을 굳게 참고 견디는 견인堅忍에서 나온 것이다. 그는 시종 명분보다 실리를 취했다.

삼국시대 당시 뛰어난 임기응변으로 전략경영의 모범을 보여준 조조는 법가 및 병가사상을 대표하고 있다. 과장된 몸짓으로 휘하 장졸들의 심금을 울리며 충성을 이끌어낸 감성경영의 달인 유비는 유가의 사상을 대표한다. 견인으로 요약되는 손권의 리더십은 소진蘇秦과 장의張儀로 대표되는 종횡가의 사상을 대표하고 있다.

전국시대 말기에 소진과 장의는 능굴능신能屈能申의 연횡술連橫術로 일세를 풍미했다. 연횡술의 가장 큰 특징은 시류에 따라 수시로 행보를 바꾸는 것이다. 종횡가들이 궤도를 수시로 구사한 배경이 여기에 있다. 실제로 손권은 조조의 위나라와 유비의 촉한을 사이에 두고 시의를 좇아 적과 친구를 임의로 바꾸면서 부형의 유산을 지키는 데 혼신의 노력을 기울였다. 수성을 위해 연횡술을 구사한 것이다.

손권이 조조, 유비와 달리 50여 년 동안 보위를 지켰던 것도 수성에 전념한 사실과 관련이 있다. 탁월한 지략을 지닌 조조를 비롯해 천하의 효웅인 유비와 대치하기 위해서는 우선 부형이 물려준 기업을 잘 보존해야 했던 것이다. 주어진 상황에서 나름대로 최선을 다한 것이다.

그럼에도 그가 부형처럼 천하통일의 웅지를 제대로 보이지 못한 한계가 있었음을 부인할 수는 없다. 신권세력을 제압하지 못한 채 시종 한 자리에만 머물렀던 것은 그것을 여실히 보여준다. 그에게 군주의 자리를 안긴 부형의 도움은 그로 하여금 천하의 한 축을 담당하게는 하였으나 그를 천하통일의 주역으로 만들지는 못했다.

CEO의 삼국지

훌륭한 리더의 조건은
탁월한 인재경영에 있다

중국 최초의 대사상가인 관중은 일찍이 용인의 요체를 지용임신知用任信(알면 쓰고 맡기면 믿는다) 4자로 요약한 바 있다. 우선 인재가 어디에 있는지를 파악해 소재가 확인되면 필히 그를 불러들이고, 일단 불러들인 이상은 반드시 임무를 맡기고, 임무를 맡긴 이상 반드시 전폭적인 신뢰를 보내라는 것이다.

삼국시대 당시 지용임신을 철저히 수행한 인물로는 단연 손권을 꼽을 수 있다. 어릴 때 부형의 기업을 이어받아 50여 년 동안 재위할 수 있었던 비결이 여기에 있다.

어제의 적도 내 사람이 될 수 있다

손권은 적국 출신의 사람일지라도 능력이 있으면 과감히 발탁해 기용했다. 대표적인 인물이 반준潘浚이다. 반준은 어릴 때부터 매우 총명해 당대의 인물인 왕찬王粲에게 기재라는 칭송을 얻기도 하였다. 그의 나이 30세가 되었을 때 형주목 유표가 그를 강하군의 종사로 임명했다. 이때 사선현장이 독직을 하자 반준은 곧바로 그를 잡아들여 목을 베었다. 이로 인해 강하군이 크게 진동했다. 그는 이후 상향湘鄕 현령이 되어 많은 치적을 쌓았다.

형주를 다스리게 된 유비는 반준을 치중종사로 발탁한 후 형주에 남아 관우를 도우면서 모든 일을 처리하라는 명을 내린 후 익주로 들어갔다. 그러나 반준은 크게 중용되지 못했다. 이후 형주를 점령한 손권이 강릉에 이르자 형주의 문무관원들이 모두 그에게 귀부했다.

그러나 반준은 몸이 아프다는 핑계로 손권을 보러오지 않았다. 이에 손권은 부하에게 침상을 가지고 그의 집으로 가 그를 실어오라는 명을 내렸다. 그렇게 손권 앞으로 오게 된 반준은 자리에서 일어나지도 않고 비애에 젖어 슬피 흐느꼈다.

손권은 반준을 만나 친근히 그의 자字(본 이름 대신 부르는 이름)를 부르며 얘기를 나눴다. 손권이 수건을 꺼내 그의 얼굴을 닦아주자 반준은 크게 감동하여 침대에서 내려와 예를 올렸다. 이에 손권은 즉각 그를 치중으로 임명하여 형주의 군사를 맡겼다. 훗날 반준은 욱손과 함께 무창에 주둔해 남은 일을 담당하면서 손권의 심복이 되었다.

한편 반준은 촉한의 대장군 장완의 이종사촌 동생이었다. 어떤 사람이 반준의 반역을 걱정하며 그를 헐뜯었다.

"반준이 밀사를 보내 장완과 내통하고 있습니다."

손권이 발끈했다.

"반준은 결코 그런 짓을 할 사람이 아니다."

손권은 반준에게 5만 명의 병력을 지원하여 무릉을 토벌하도록 한 적이 있다. 당시 조자룡이 이끄는 병력이 겨우 1만 명이었던 점을 감안할 때 손권의 반준에 대한 신임이 어느 정도였는지를 가늠할 수 있을 것이다. 일각에서는 만일 유비가 반준을 과감히 발탁해 관우 대신 형주를 지키게 했더라면 형주를 그토록 쉽게 잃지는 않았을 것이라는 분석을 내놓고 있다. 적국의 인재도 과감히 발탁해 기용한 손권의 탁월한 용인술이 돋보이는 대목이다.

장점은 높여주고 단점은 곧 잊어라

손권은 인재를 단박에 알아보는 안목을 가졌을 뿐만 아니라 적당한 자리에 등용할 줄도 알았다. 강동 4걸이라 일컬어지는 주유와 노숙, 여몽, 육손 등을 차례로 등용해 군의 통수를 맡긴 것만 봐도 그렇다. 이들은 자신의 모든 능력을 발휘해 손권의 신뢰에 한껏 부응했다. 주유는 적벽전투 당시 막강한 조조군을 격파해 삼국정립의 기초를 다졌고, 노숙은 유비와 연맹을 맺고 조조에게 항거한다는 전략을 일관되게 견지해 동오의 기업을 공고히 했다. 여몽은 몰래 형주를 습격해 동오의 세력범위를 대폭 확장시켰고, 육손은 이릉대전 당시 촉군을 대파한 데 이어 이후에도 6차례에 걸쳐 위나라 군사를 격파해 동오의 강산을 보전했다.

이는 손권이 전폭적인 신뢰를 보내며 능력을 유감없이 발휘할 수 있도록 배려한 결과였다. 당시 손권은 군신간의 형식적인 예절에 크게 구애받지 않고 이들을 사신師臣(스승과 같은 신하) 또는 우신友臣(친구와 같은 신하)의 예로 극진히 대우했다.

특히 주유에게는 친형처럼 스스럼 없이 대한 까닭에 그 정분이 매우 두터웠다. 남북조시대 송나라의 배송지가 『삼국지』 「주유전」에 주석을 가하면서 인용한 『강표전』에 따르면 손권은 황제의 자리에 오른 뒤 이같이 술회했다.

"주유가 아니었다면 과인은 황제가 되지 못했을 것이다."

반면 노숙에게는 시종일관 각별한 예의로 대했다. 노숙이 세인들로부터 광무제 유수를 도와 후한제국 건국에 결정적인 공헌을 한 등우鄧禹에 비견할 만하다는 평을 듣게 된 것은 손권의 이러한 태도에 기인한 것이다. 손권은 황제의 자리에 올랐을 때도 노숙을 잊지 않고 여러 공경들에게 이같이 말했다.

"노숙은 일찍이 내가 제위에 오를 것을 예견한 적이 있다. 가히 대세에 밝은 인물이라고 할 만하다."

여몽에 대해서는 탁월한 재주가 주유에 버금간다며 높이 칭송했다. 여몽이 중병에 걸렸을 때는 천하의 명의를 사방으로 찾아나서는 등 병구완에 몸을 아끼지 않았다.

육손에 대해서도 방패와 성처럼 의지하며 신뢰했다. 자신의 옥새를 그에게 맡긴 뒤 국서를 주고받을 때마다 그에게 먼저 보이며 타당치 못한 부분이 있으면 곧바로 고친 후 직접 날인해 보내도록 조치한 것이 그 증거이다.

신하들을 이토록 신뢰하며 후대하기란 쉬운 일이 아니다. 그는 지켜야 할 일정한 선을 넘지 않으면서 한편으로는 전폭적인 신임을 주어 신하들이 성과를 거둘 수 있도록 도왔다.

"상대의 장점을 높여주는 대신 단점은 곧 잊어버린다."

이러한 언급은 그의 인재기용 철학을 잘 보여주는 것이라 할 수 있다. 실제로 그는 상대의 단점에 대해서는 모르는 척 눈을 감아 버리고 장점에 대해서는 적극 칭찬하며 장점을 더욱 발휘할 수 있도록 유도했다. 이는 리더가 갖추어야 할 중요한 덕목 중 하나이다.

적절한 충고로 발전을 도와라

손권은 외치뿐만 아니라 내치에도 뛰어난 면모를 보였다. 대표적인 예로 괄목상대의 성어를 낳은 여몽의 일화를 들 수 있다. 일찍이 손권은 여몽에게 이같이 권했다.

"경은 지금 일을 처리하는 자리에 앉게 되었으니 배우지 않으면 안 되오."

여몽이 군중軍中에 일이 많은 것을 핑계로 사양하자 손권은 다시 그를 설득했다.

"과인이 경에게 경전을 공부해 박사가 되라고 하는 것이겠소? 단지 학문을 두루 섭렵해 옛 일을 알 수 있는 정도면 되오. 경은 일이 많다

"경은 지금 일을 처리하는 자리에 앉게 되었으니 배우지 않으면 안 되오."
여몽이 군중*에 일이 많은 것을 핑계로 사양하자 손권은 다시 그를 설득했다.
"과인이 경에게 경전을 공부해 박사가 되라고 하는 것이겠소? 단지 학문을 두루 섭렵해 옛 일을 알 수 있는
정도면 되오. 과인은 늘 독서를 하는데 유익한 점이 매우 많소."

고 하나 과인보다 더 많겠소. 과인은 늘 독서를 하는데 유익한 점이 매우 많소."

여몽이 이에 책을 읽기 시작했다. 그러던 어느 날 심양을 지나던 노숙이 여몽과 이야기를 나누다가 그의 뛰어난 지식에 크게 놀라 말했다.

"경이 오늘 보여준 재략才略은 오군吳郡에 있을 때의 모습과는 전혀 다르구려."

여몽이 웃으며 말했다

"선비가 3일간 헤어지면 곧 괄목상대하는 법인데 대형大兄은 아는 게 어찌 이리 늦었습니까."

이에 노숙이 찬탄하며 곧 여몽의 모친을 배견한 뒤 그와 붕우의 결의를 맺게 되었다. 노숙의 뒤를 이어 여몽이 동오의 군사를 지휘하게 된 배경이 여기에 있었다. 손권의 적극적인 권유가 없었다면 불가능한 일이었다.

CEO의 삼국지

변화하지 않는 자, 최고를 논하지 말라

황희가 18년 동안 영의정의 자리에 앉아 있을 수 있었던 것은 기본적으로 세종이 황희의 충성심을 높이 샀기 때문이었다. 그러나 이는 부왕인 태종이 보위에 앉아 있을 때는 물론 상왕으로 물러난 뒤까지 강력한 왕권을 토대로 세종의 통치에 장애가 될 만한 모든 신권세력을 철저히 소탕한 결과였다. 건국공신을 중심으로 한 신권세력의 발호를 염려치 않아도 좋을 정도의 막강한 왕권이 바로 세종의 성세를 가능하게 한 근본 배경이었던 것이다.

태종이 왕권강화의 제도장치로 마련한 육조직계제를 과감히 폐지하고 의정부의 기능을 회복시킨 소위 '의정부서사제'를 택한 것도 이런 맥락에서 이해할 수 있다. 이는 결코 세종이 왕권강화에 무관심했기 때문이 아니었다. 의정부의 수장인 황희에게 최대한의 자율을 보장하는 동시에 유사시에는 책임을 묻겠다는 취지에서 나온 것이다. 말할 것도 없이 황희의 절대적인 충성을 믿었기에 가능한 조치였다.

그런 점에서 손권은 일정한 한계를 보여주었다. 그의 리더십에서 가장 문제가 되는 것은 제위에 오른 이후에 나타난 만년의 어지러운 행보이다. 대표적인 사례로 태화 6년(232)에 요동의 공손연에게 철저히 기만당한 것과 후계자 선정을 둘러싸고 폭정暴政을 행한 것을 들 수 있다. 그가 조조 및 유비에 비해 한 수 떨어지는 인물로 평가받는 것도 이러한 어지러운 행보에 대한 혹평과 무관하지 않다. 명제국 말기의 왕부지는 『독통감론』에서 동오정권을 이같이 평했다.

"애석하게도 손권의 오나라에는 촉나라의 정통성도 없고 위나라의 강대함도 없었으므로 한 구석에 할거하는 것만으로 끝났다. 만일 이 조건이 충족되었다면 오나라는 천하를 평정하기에 충분한 힘이 있었을 것이다."

그의 전반기 행보는 난세의 통치자 리더십으로 손색이 없다. 그러나 후반기 행보는 일면 암군 행보로 평가받아도 달리 변명할 길이 없다. 이는 그가 오랫동안 집권하는 동안 자신도 모르게 유아독존식의 자만심에 빠진 결과였다.

손권의 사례는 최고의 자리에서도 변화를 위해 항상 힘써야 한다는 것을 잘 보여주고 있다. 기업의 경우 이는 더 자명한 얘기일 것이다. 최고가 되었다고 해서 변화를 위해 노력하지 않고 그 자리에만 머문다면 서서히 소비자의 기억에서 사라지는 브랜드가 되고 말 것이다.

다음은 변화를 두려워하지 않고 당당히 맞선 기업의 이야기이다.

변화, 삼성성공의 비결

　삼성은 전자산업에서 부동의 1위를 차지하고 있던 소니를 누르고 세계 최강의 기업으로 발돋움했다. 삼성의 이러한 성공은 이병철 전 회장의 놀라운 결단이 단초가 되었다.

　이병철 전 회장은 1983년 2월 도쿄에서 '왜 우리는 반도체 산업을 해야 하는가'라는 선언문을 발표했다. 당시 삼성전자는 허울뿐인 전자회사로 그 위상이 꽤 위태로웠다. 당연히 그의 선언문을 접한 사람들은 모두 비웃었고 업계 분위기는 싸늘하기 그지없었다. 미국과 일본이 선점한 반도체 시장에 뛰어드는 것은 말 그대로 달걀로 돌을 치는 것이나 다름없다고 본 것이다.

　그러나 이병철 회장은 과감하게 변화와 도전을 단행했고 결과는 대성공이었다. 1984년에 개발한 256KD램은 선진제품과 3년의 기술격차가 있었지만 1990년 16MD램은 선두업체와 동시에 발표할 수 있게 되었고 이후 1992년에는 64MD램을 세계 최초로 개발하였으며 현재 오랜 기간 동안 세계최고의 자리를 놓지 않고 있다.

　한편 이건희 회장은 1993년 6월 초 자신이 머물고 있는 프랑크푸르트의 한 호텔에 2백여 명에 달하는 삼성 경영진을 불러 모았다. 무려 20여 일 동안 5백 시간에 걸친 마라톤 논의가 이어지는 가운데 그는 자신의 의중을 다시 한 번 숨김없이 드러냈다.

　"처자식을 빼고는 모두 바꾸는 자세로 임해야 살아남을 수 있다."

　이때 나온 것이 바로 '신경영 선언'이다. 이 선언은 완전히 새로운 차원에서 경영에 임하지 않고는 삼성의 앞날은 물론 당사자들의 미래 또한 없다는 일종의 최후통첩이었다. 이후 그는 변혁의 진두에 서서 대

수술을 집도했다. 변혁의 성과는 위기에 더욱 그 진가를 발휘해 2008년 말에 터져 나온 미국 발 경제위기 이후 삼성은 오히려 더욱 약진하는 모습을 보이고 있다.

변화를 통해 최고가 되고 최고의 자리에서도 변화를 두려워하지 않은 것은 삼성이 세계적 기업이 될 수 있었던 비결 중의 비결일 것이다.

도전 없이는 성장도 없다

지난 2009년 10월 26일, 니혼게이자이신문이 주최한 '제11회 세계경영자회의'에 참석한 세계 각국의 저명한 경영리더들은 글로벌 위기를 돌파하기 위한 조언을 쏟아냈다.

'새로운 성장동력을 찾아서' 세션에 기조 연사로 나선 오라클 그룹의 찰스 필립스 사장은 이런 말을 했다.

"침체에 빠졌던 IT 사업에서 돌파구를 마련하기 위해 최근 5년간 350억 달러의 비용을 투입해 회사 DNA를 바꾸는 데 성공했다. 시장 변화를 선도하려면 회사 DNA도 과감하게 바꿔야 한다."

성공의 요건으로 과감한 도전을 든 것이다.

'역경을 기회로' 세션에 기조 연사로 나선 스위스 고급시계 제조업체인 휴볼트그룹의 비버 회장은 글로벌 경제위기 이후 빠른 속도로 경영위기에서 벗어난 비결을 털어놓았다.

"비결은 제조 현장에서 은퇴한 나이 많은 기술직원들을 대거 채용한 데 있다. 이들을 통해 막대한 비용을 절약하고 높은 생산성 향상을 이끌어 낼 수 있었다."

세계의 경영자들은 끊임없이 변화와 도전을 이야기하고 있다. 누구도 지지하지 않는 길일지라도 실패에 대한 두려움을 딛고 한 걸음 한 걸음 전진한다면 최고의 결과를 얻을 수 있다고 외치는 것이다.

이제 변화는 더 이상 외면할 수 없는 하나의 당면과제로 다가왔다. 변화를 위해 노력하지 않으면 뒤처질 수밖에 없다는 분명한 사실을 기억해야 한다. 아무리 성품이 좋은 군주일지라도, 아무리 내실이 탄탄한 기업일지라도 변화와 도전을 게을리한다면 이내 백성과 소비자의 기억 속에서 차츰 흐릿해져 갈 수밖에 없다. 손권의 실패가 더욱 아쉽게 느껴지는 것도 이러한 이유 때문일 것이다.

C E O

4

袁紹

삼국시대 당시 원소의 집안은 최고의 명문가로 꼽혔다. 4세5공이 그의 가문 상징이었다. 4세5공은 4대에 걸쳐 오는 명사들로 늘 문전성시를 이뤘다고 한다. 원래 명성이라는 것은 오랜 세월에 걸쳐 축적된 자산이다. 때문에 산이 되는 것이다. 그러나 유형의 자산도 제대로 관리하지 못하면 일거에 탕진하기 쉬운 것과 마찬가지로 명성 심에 있었다. 생래의 정통성이 오히려 독으로 작용한 것이다. 이는 가진 것에만 안주해 성장을 추구하지 않는 사

삼 국 지

을 말한다. 미목이 수려한데다 명사들과 사귀는 것을 좋아했던 원소는 가문의 정통성을 최대한으로 활용했다. 그의 집앞은 명성을 듣고 찾아
일단 사람들의 뇌리 속에 그것의 가치가 확고히 심어질 경우 그 효과는 매우 오래 간다. 제대로 활용하기만 하면 그 자체가 엄청난 무형의 자
하면 순식간에 사라질 수 있다. 원소가 그 경우에 해당한다. 원소가 패배한 가장 큰 원인은 무엇보다 출신 가문의 정통성에 대한 지나친 자부
배자가 되기 쉽고, 오히려 많은 역경을 겪은 사람은 그것을 이겨내기 위해 혼신의 힘을 쏟아 최후의 승리자가 될 수 있다는 것을 보여준다.

정통성의 덫에 걸린 원소

원소 袁紹, ?~202

원소는 당대 최고의 명문가 출신이었다. 게다가 수려한 풍모와 두터운 학식, 겸손한 대인 자세 등을 지녀 집 앞은 늘 그를 찾아온 각지의 명사들로 문전성시를 이뤘다. 이는 동탁토벌을 위해 연합군을 결성한 군웅들이 그를 우두머리로 내세운 이유였다. 그러나 원소는 자만심의 덫에 걸려 참모들의 진언을 무시하는 바람에 이내 역사무대에서 퇴장당하고 말았다. 조조에게 천자를 끼고 제후를 호령하는 기회를 내준 것이 치명타로 작용한 것이다. 이로써 원소는 압도적으로 유리한 상황에서 신하 범증의 진언을 무시했다가 비참한 최후를 맞은 항우의 전철을 밟게 되었다.

C E O 의 삼 국 지

명성은
관리해야 하는 것

삼국시대 당시 원소의 집안은 최고의 명문가로 꼽혔다. 4세5공이 그의 가문 상징이었다. 4세5공은 4대에 걸쳐 총 5명의 3공이 나온 것을 말한다.

미목이 수려한데다 명사들과 사귀는 것을 좋아했던 원소는 가문의 정통성을 최대한으로 활용했다. 『삼국지』 등의 사서에 따르면 그의 집 앞은 명성을 듣고 찾아오는 각지의 명사들로 인해 늘 문전성시를 이뤘다고 한다. 그 시대에는 누구도 감히 낙양을 거점으로 누대에 걸쳐 이름을 떨친 원씨 가문의 명성을 능가할 수 없었다. 조조는 능력이 뛰어나기는 했으나 멸시의 대상인 환관 집안 출신이었다. 더구나 그의 부친 조숭은 거액을 주고 태위의 자리에 오른 까닭에 세인들의 지탄을 받고 있었다. 유비는 한실의 후예라고 떠벌리기는 하지만 계통을 확인할 길이 없는 가난하고 문벌이 없는 집안 출신으로서 입에 풀칠을 하기 위해 짚신이나 삼고 돗자리나 짜면서 생계를 이어가야 했던 처지에 불과했다. 손권 역시 토반土班(한 지방에서 여러 대에 걸쳐 붙박이로 사는 양반) 출신에 불과했다.

'정통성'이라는 브랜드를 전면에 내세우다

원소는 당대 최고의 명망을 지니고 있었다. 동탁이 세운 제1기 장안정권이 정세를 주도하던 삼국시대 초기에 원소가 천하를 도모할 수 있는 가장 유리한 입장에 서 있었던 배경이 여기에 있다. 당시 군웅들은 모두 원소를 떠받들며 동탁과 대척점에 서 있었다. 한제국의 국운이 쇠퇴하고 천하대란의 조짐이 역력해 군웅이 봉기할 때 원소만큼 유리한 고지를 점령한 사람도 없었다.

한번은 동탁이 원소가 가진 정통성을 이용해 자신의 권력기반을 다질 생각으로 원소를 자기편으로 끌어들이려고 했다. 그러나 명사들의 신망을 한 몸에 받고 있던 원소가 이를 수용할 리 만무했다. 조조도 이와 유사한 제의를 받았으나 이내 뿌리쳤다. 때문에 그들은 동탁을 등지는 결과를 얻게 되었다.

당시 원소와 조조는 황급히 도주했는데 도망가는 두 사람에게 동탁이 취한 조치를 보면 원소가 지닌 정통성의 가치가 어느 정도였는지를 쉽게 짐작할 수 있다. 조조는 죽을 고생을 하며 간신히 고향으로 돌아온 반면 원소는 추격을 당하지 않은 것은 물론 지명수배조차 받지 않았다. 오히려 동탁에 의해 발해태수로 발탁되기까지 했다. 이는 동탁에게는 어쩔 수 없는 선택이었다. 최고의 정통성을 지닌 원씨 일문이 자신의 집권을 반대하는 것으로 비치면 무력으로 정권을 차지한 그에게 분명히 부담으로 작용했을 것이기 때문이다.

이에 반해 조조의 경우는 설령 그가 아무리 뛰어난 재주와 식견을 지녔을지라도 크게 문제될 것이 없었다. 그의 부친이 태위를 지냈다고는 하나 당시 가장 천시받았던 환관집안 출신에 불과했기 때문이다. 그를 본보기로 삼아 처벌을 할 경우 오히려 자신의 위엄을 보이기에 좋았을 것이다.

두 사람을 바라보는 세인들의 이러한 시각 차이는 이후 그들의 운명을 가르는 중요한 요인으로 작용했는데, 공교롭게도 이 정통성의 차이가 앞의 경우와는 정반대로 작용하게 되었다. 훗날 원소는 모든 것을 지나치게 낙관적으로 바라봄으로써 결정적인 기회를 헛되이 날려 실패를 한 데 반해 조조는 위기에 몰리면서 오히려 이를 전화위복의 계기로 삼아 승승장구했던 것이다.

원소는 훗날 조조에게 패해 피를 토하며 죽고 만다. 이는 최고의 명성을 누리고 있던 자신의 정통성의 가치를 제대로 지키지 못한 사실과 무관하지 않았다.

지키려는 노력은 필수다

명성이라는 것은 오랜 세월에 걸쳐 축적된 자산이다. 때문에 쉽게 만들기도 어렵지만 일단 사람들의 뇌리 속에 그것의 가치가 확고히 심어질 경우 그 효과는 매우 오래 간다. 제대로 활용하기만 하면 그 자체가 엄청난 무형의 자산이 되는 것이다. 그러나 유형의 자산도 제대로 관리하지 못하면 일거에 탕진하기 쉬운 것과 마찬가지로 명성 역시 제대로 관리하지 못하면 순식간에 사라질 수 있다. 원소가 그 경우에 해당한다.

원소가 패배한 가장 큰 원인은 무엇보다 출신 가문의 정통성에 대한 지나친 자부심에 있었다. 생래의 정통성이 오히려 독으로 작용한 것이다. 이는 가진 것에만 안주해 성장을 추구하지 않는 사람은 무사안일에 빠져 패배자가 되기 쉽고, 오히려 많은 역경을 겪은 사람은 그것을 이겨내기 위해 혼신의 힘을 쏟아 최후의 승리자가 될 수 있다는 것을 보여준다.

CEO 의 삼국지

승리를 거머쥐려면
과거의 안락함은 잊어라

관도대전에서 대패한 원소는 여양까지 정신없이 도주한 뒤 장의거의 군영을 찾아서는 그의 손을 잡고 처연히 말했다.

"내 목을 그대에게 맡기고자 하오."

이에 장의거가 울면서 군영을 원소에게 넘겨주고 자신의 군사들을 호령하게 했다. 원소에게는 3명의 아들이 있었다. 원담과 원희, 원상이 그들이다. 원희가 유주에서 6만 명, 원담이 청주에서 5만 명, 고간이 병주에서 5만 명을 이끌고 모두 기주로 싸움을 도우러 오자 원소는 크게 기뻐하며 군마를 정돈하기 시작했다. 건안 6년(201) 봄, 기력을 회복한 원소는 또다시 도전했다. 그러나 막상 싸움이 시작되자 기세가 시작부터 기울어졌다. 그 사이 조조의 병력이 더욱 막강해졌다. 원희가 단숨에 무너지자 원소는 황망히 말에 뛰어올라 간신히 포위망을 빠져나올 수 있었다. 참패였다. 원희와 고간은 모두 화살에 맞아 상처를 입었다. 원소가 세 아들을 얼싸안고 한바탕 목을 놓아 울더니 그만 기절하여 쓰러졌다. 여러 사람이 달려들어 바로 눕히자 피를 한없이 토한 뒤 장탄식을 했다.

"내가 그간 싸움을 수십 차례나 해왔으나 오늘 이 지경으로 낭패한 적은 없었다. 이는 하늘이 나를 망하게 하는 것이다. 너희들은 각기 본주로 돌아가 맹세코 조조와 다시 한 번 자웅을 결단토록 하라."

그는 곧 자식과 부하들에게 명해 후일을 대비하게 한 후 총애하는 막내아들 원상을 데리고 기주로 돌아갔다. 이후 그는 몸조리를 하면서 원상에게 군무를 대리하게 했으나 결국 처참하게 몰락한 자신의 처지를 한탄하다가 이듬해 봄 피를 토하며 숨을 거두고 말았다. 당대 최고의 정통성의 가치를 자랑하던 원씨 가문이 처참하게 몰락하는 순간이었다. 그의 실패원인은 무엇일까.

순탄했던 과정이 자만심만 키웠다

최고의 배경을 가졌던 원소가 패배하게 된 것은 아무런 노력 없이 오로지 주변 사람들의 추대에 의해 동탁토벌군의 맹주가 된 것에서 비롯되었다. 당시 조조는 어렵사리 마련한 거사자금으로 간신히 병사들을 모은 뒤 토벌군의 일원으로서 여러 번 죽을 고비를 넘기며 있는 힘을 다해 싸웠지만 아무런 성과도 얻지 못했다. 그러나 원소는 토벌군이 해체된 후 기주를 점거해 가장 강력한 패자로 군림하기까지의 모든 과정이 순탄하게 진행되었다. 이것은 훌륭한 결과임에 틀림없지만 그의 노력으로 얻은 것은 단 하나도 없었다. 단지 타고난 집안 배경만이 이런 위치까지 오르게 한 열쇠였다.

물론 원소가 티끌만큼도 노력을 하지 않았다고는 할 수 없다. 만약 시종일관 방자한 모습을 보였다면 그가 아무리 뛰어난 정통성을 지니고 있었을지라도 가장 강력한 패자로 군림하기가 쉽지 않았을 것이다. 젊었을 때 부모의 6년 상을 자청해 치른 데서 알 수 있듯이 그 역시 나름대로 노력을 기울이기는 했다.

역사상 6년의 초상을 치른 사람은 공자의 제자인 자공밖에 없었다. 원소가 의중에 천하인의 칭송을 받으려는 목적을 품고 있었는지는 알 길이 없으나 중론은 효친의 마음에서 우러나온 진실한 행보였다는 것이다. 당대 최고의 명문가 출신이면서도 이를 별로 자랑하지도 않고, 신분 고하를 막론하고 사람들을 두루 친절히 대하며 공손한 모습을 보였기 때문이다.

당시의 기준에 비춰볼 때 그는 타고난 풍도風度와 가문의 정통성의 가치를 절묘하게 결합시킨 경우에 해당했다. 동탁토벌군이 편성되었을 당시 군웅들이 군말 없이 이구동성으로 그를 영수로 추대한 이유가 여기에 있었다.

의도했건 아니건 원소는 6년 상으로 천하인의 칭송을 받았으며 그것은 천하를 다스리는 데 분명히 유리하게 작용했다. 원소가 6년 상을 기꺼이 치른 것은 그가 천하경영에 아주 손을 놓고 있었던 것은 아님을 보여주는 것이다.

그러나 그것이 전부였다. 그는 천하의 인재를 얻기 위해 애쓰지 않앉음은 물론이고 자신에게 제 발로 찾아온 인재도 제대로 활용하지 못했다. 이것이 그가 패망하게 된 근본 이유이다.

그와는 반대로 집안의 정통성을 논할 것도 없는 환관집안 출신 조조와 짚신을 팔아 생계를 유지해야만 했던 가난한 집안 출신인 유비는 스스로 노력하여 자신만의 가치를 드높여 성공했다.

조조는 자신의 타고난 재능을 바탕으로 실질적인 정통성의 가치를 제고해 성공한 경우에 해당한다. 이는 모두 그의 피땀 어린 노력에 의한 것이다. 그는 연주에서 기반을 구축할 때까지만 해도 험난한 과정을 겪어야만 했다. 그러나 이후 인재들을 모은 뒤 하북의 패권을 놓고 최고의 정통성을 자랑하는 원소에게 사활을 건 승부수를 던져 승리를 거두었다.

유비는 자신의 정통성의 가치를 드높일 방법으로 황실의 후손이라는 것을 널리 알리는 길을 택했다. 사실 그것 외에는 다른 수가 없었다. 이에 유비는 입만 열면 황실부흥을 외쳐 자신의 목적을 달성하려 노력했고 결국 소기의 성과를 이뤘다. 유비가 관인한 군자의 모습을 위해 교묘한 연기를 곁들인 것은 그의 목적달성에 크게 한 몫 한 수법이었을 것이다.

원래 난세에는 치세와는 비교할 수 없을 정도로 모든 변화가 신속하면서도 대규모로 진행되게 마련이다. 치세 때는 당연시되었던 가치가 한순간에 뒤집히기도 한다. 이런 변화무쌍한 시기에 기존의 가치에만 안주하며 자기만족에 빠진다면 치명타를 입기 십상이다. 세상에 영원한 1등은 존재할 수 없기 때문이다. 난세의 시기에 수많은 군웅들이 우후죽순처럼 등장하는 것도 이 때문이다.

난세는 무한한 가능성의 시기이다. 아무리 미천한 신분일지라도 각고의 노력을 기울이면 스스로 입신하여 천하를 평정하고 새로운 나라의 창업자로 우뚝 설 수 있다. 시골의 일개 정장^{亭長}(파출소장을 겸한 역장)에 불과했던 유방이 당대 최고의 정통성을 자랑했던 항우를 제압하고 한제국을 세운 것은 부정할 수 없는 좋은 예이다. 명제국을 세운 주원장의 경우는 말할 것도 없다. 빈민 출신으로 끼니도 잇지 못해 탁발승이 되어 구걸까지 해야 했던 그는 결국 천신만고 끝에 새 제국을 세웠다.

당시 원소는 쉬지 않고 노력해 자신의 것을 지키고 나아가 더욱더 발전하는 모습을 보여주어야만 했다. 그러나 그는 그러지 못했다. 그가 죽은 후 그나마 이룩해 놓았던 공업이 순식간에 무너져 내린 이유도 여기에서 찾을 수 있다.

안주하는 순간 패배의 문이 열린다

당초 원소가 기주를 손에 넣을 때만 해도 그의 앞날에 의심의 눈초리를 보내는 사람은 거의 없었다. 참모진 또한 막강했다. 저수와 심배, 전풍, 허유 등은 모두 명성이 높았다. 이러한 배경을 이용하여 원소는 기주에 이어 유주와 청주, 병주 등 광대한 하북 지역을 손에 넣고 최고의 패자로 군림하게 되었다. 모든 군웅들은 그의 말 한마디에도 눈치를 살피며 전전긍긍했다. 이때가 그의 전성기였다. 그러나 이후 그는 내리막길을 줄달음치기 시작한다.

패배의 단초는 참모들의 건의를 무시한 데서 비롯되었다. 당초 동탁이 죽은 뒤 한헌제가 장안을 빠져나와 안읍安邑으로 파천播遷할 때 저수는 속히 한헌제를 모셔다 놓고 천하를 호령할 것을 주장했다. 그러나 자만에 빠진 원소는 이를 무시하고 말았다. 반면 조조는 참모들의 건의를 좇아 곧바로 한헌제를 정중히 모셔왔다. 이것이 원소가 조조에게 패하게 된 결정적 이유이다. 아무리 난세의 시기일지라도 천하는 아직 유씨의 것이었다. 군웅들을 제압하기 위해서는 실력도 실력이지만 명분도 중요했다. 최고의 명분은 말할 것도 없이 천자의 조명詔命이다. 원소는 자신이 이룬 성과에 도취한 나머지 이러한 사실을 간과했다.

　당시는 관동에서 동탁토벌군이 일어난 지 이미 9년이란 세월이 흘러 있었다. 조조도 과거의 조조가 아니었다. 그는 비록 실력 면에서는 원소와 상대가 되지 않았으나 연주와 예주를 기반으로 삼아 나름대로 일정한 무력을 보유하고 있었다. 그런 그가 천자까지 등에 업게 되어 이내 원소와 대등한 위치에 올라서게 된 것이다. 이는 곧 원소와 조조의 운명을 가르는 관도대전官渡大戰을 야기했다.

　비록 조조에게 선수를 빼앗기기는 했어도 사태를 제대로 수습하기만 했더라면 한수 위의 실력을 가졌던 원소로서는 조조를 제압하지 못할 것도 없었다. 당시 모든 면에서 원소 측의 전력戰力이 조조 측보다 훨씬 우세했다. 대다수 군웅들도 원소의 승리를 예견했다. 실제로 원소는 10만 명을 동원한 데 반해 조조가 동원한 군사는 2만 명도 채 되지 않았다. 군사력에서 5배나 차이가 날 경우 아무리 뛰어난 전략가라 할지라도 승리를 거두기는 어렵다. 객관적으로 볼 때 원소가 패할 이유가 없는 싸움이었다. 그러나 결과는 모두의 예상을 뒤집고 정반대로 나

"원소는 인재가 있어도 등용하지 않았고 좋은 말을 듣고도 받아들이지 않았다."
그간의 순탄한 성공이 어느덧 그를 옹고집으로 만들고 만 것이다. 너무 쉽게 모든 것을 소유한 그는
정작 가장 중요한 시기에 스스로 쳐놓은 자만심의 덫에 걸려 자멸의 길로 나아가고 말았다.

타났다. 이를 두고 진수는 『삼국지』 「원소전」에서 이같이 평했다.

"원소는 인재가 있어도 등용하지 않았고 좋은 말을 듣고도 받아들이지 않았다."

당시 원소는 전풍과 저수가 여러 차례에 걸쳐 조조의 배후를 칠 것을 건의했음에도 이를 듣지 않은 채 압도적인 무력만을 믿고 정면대결을 고집했다. 당시 전풍과 저수는 조조의 핵심참모 역할을 수행한 순욱 및 순유와 비교해도 손색이 없는 인재들이었다. 그러나 원소는 자신의 지략이 이들보다 더 뛰어나다는 생각을 하고 있었다. 그간의 순탄한 성공이 어느덧 그를 옹고집으로 만들고 만 것이다. 너무 쉽게 모든 것을 소유한 그는 정작 가장 중요한 시기에 스스로 쳐놓은 자만심의 덫에 걸려 자멸의 길로 나아가고 말았다.

경영의 구루 잭디시 세스Jagdish Sheth는 이런 말을 했다.

"인간의 평균수명은 늘어나고 있으나 기업의 평균수명은 줄어들고 있다. 기업이 탁월한 성과를 내며 성장해 가면서도 자신을 갉아먹는 자기파괴 습관이 무의식중에 생겨나기 때문이다."

그가 언급한 자기파괴 습관은 첫째 최고의 시절을 쉽게 잊지 못하는 오만, 둘째 성공신화와 관행 등 기존신념에 갇히는 현실부정, 셋째 구태의연한 과거 관행에 얽매인 타성, 넷째 알라딘의 램프에 기대는 핵심역량의존, 다섯째 눈앞의 이익에만 집착하는 근시안경쟁, 여섯째 문화충돌과 권력다툼으로 표현되는 영역의식, 일곱째 원가상승과 수익성 악화에 둔감한 규모경제 집착 등이 그것이다. 이들 7가지 자기파괴 습관 중 그가 가장 위험성을 크게 강조한 것은 오만이다. 그는 최근 모국인 인도의 IT기업이 값싼 인건비 덕분에 큰 연구개발이나 기술투자를 하지 않고도 과실을 챙기게 되어 오만한 모습을 보이고 있다고 지적하며 이같이 충고했다.

"이제 인도 IT기업의 방식은 더 이상 통하지 않는다. 기업의 리더는 항상 조직원들의 오만을 경계해야 한다. 이를 막기 위한 두 가지 방법이 있다. 첫째, 지속적으로 오만을 경계하도록 사람들에게 교육을 시키는 것이다. 둘째, 각 부서에 나타나는 오만의 정도를 수시로 체크해 곧바로 모닝콜과 같은 경계령을 내리는 것이다."

그가 찾아낸 자기파괴 습관의 증후군은 매우 다양하다. 타성이 습관으로 자리 잡아가는 기업에는 결정을 서두르지 않는 증상이 나타나고, 의사결정을 만장일치로 하는 위원회 문화도 등장한다. 오만해지는 기업은 외부의 조언을 듣지 않고, 골목대장처럼 위협적인 행동을 보인다.

무수한 사람들이 약간의 성공 후 별다른 이유 없이 패배했다. 이자성, 항우 등이 대표적인 인물이다. 왜 그런 것일까. 바로 자만 때문이다. 명제국의 주승방은 『병가요략』에서 이같이 말했다.

"자만은 스스로 그 공을 높이며 자신의 지혜에 감탄하고, 용맹을 자랑하여 적을 걱정하지 않고, 사람을 아끼지 않고, 충언을 귀에 거슬려 하며 현자의 상소를 배척하고, 전쟁을 하면 경솔히 진격하고 방어는 소홀히 하게 만든다. 적은 이를 엿보고 일부러 겸손하게 말하고, 후하게 예우하고, 짐짓 패해 상대를 두려워하는 척한다. 이에 자만하여 도취하면 그 틈을 노리고 작전을 시작한다."

자만의 폐해는 크게 세 가지로 요약할 수 있다. 첫째, 자신은 모든 것을 할 수 있다고 착각하게 만든다. 여기서 배움을 멈추고 스스로 만족하게 된다. 이런 상황이 지속되면 반드시 패하게 된다. 둘째, 적을 업신여기게 된다. 적의 단점만 보고 장점은 보지 않으려고 하는 까닭에 이내 적을 얕잡아 보고 무모하게 돌격하다 패배를 자초하게 된다. 셋째, 상대의 허상에 미혹된다. 적은 이를 노려 고의로 허상을 만들어 함정에 빠지게 한다. 이러한 자만의 폐해에 빠지면 패하지 않는 자가 없다.

CEO 의 삼국지

패배를 피하는
필살의 기술

역사 속에서 원소는 몰락한 군주로 기록되어 있다. 그러나 그에게 실패를 피할 길이 전혀 없었던 것은 아니다. 활용할 수 있는 장점들을 제대로 알고 그것들을 잘 사용했다면 원소라는 인물에 대한 기록은 지금과는 무척 달랐을 수도 있다. 그가 실패한 군주로 기록되지 않기 위해 사용했어야 할, 승리를 위한 필살의 기술은 무엇이 있을까.

흔히들 과거를 통해 현재를 배운다 하고 미래를 위해 후계자를 육성하는 것이 중요하다고 말한다. 마찬가지로 원소는 충분히 경각심을 불러일으킬 수 있었던 선례를 통해 자신을 재정비하고, 노쇠했을 때를 대비하여 믿을만한 후계자를 키워놓는 일을 게을리하지 말았어야 했다.

선례를 통해 지혜를 얻어라

원소는 역사를 통해 충분히 자신의 앞날을 좀 더 탄탄한 길로 인도할 수 있었다. 가문의 정통성만 믿다가 승리가 분명한 싸움에서 유방에게 패한 항우나 원소보다 3년 앞서 패망한 원술의 일화는 그에게 대단히 유익한 교훈이 되었을 테니 말이다.

원술은 삼국시대 군벌 중 최초로 황제를 칭한 인물이다. 한 지역의 일개 군벌로 존재하면서 왕도 아닌 황제를 칭하는 것은 오만의 극치에 해당했다. 원소와 종형제 사이인 그가 이런 무모한 일을 벌이게 된 것은 원씨 일족의 정통성이 자신을 중심으로 한다는 자부심에서 비롯된 것이었다. 그 역시 4세5공의 조상이 일구어놓은 정통성의 가치에 매몰되어 스스로 패망의 길로 접어든 셈이다.

사서의 기록에 따르면 당초 원술이 남양을 얻었을 때만 하더라도 남양의 호구수는 수백만 명에 달했다. 또한 이후 그가 차지한 회남 일대는 비옥한 땅이 많아 양식이 풍부한 곳이었다. 이 두 가지 조건을 잘 활용하면 강력한 군사력을 거느릴 수 있었다. 잘만 관리했다면 천하를 거머쥐기란 그리 어려운 일이 아닐 수도 있었다. 그럼에도 그는 천하의 인재를 그러모아 난세를 평정하겠다는 원대한 목표를 세운 적이 없다. 오로지 목에 힘을 넣고 사치와 방탕을 일삼으며 다른 사람들 위에 군림하는 것만을 즐겼다. 사치를 위해 백성들에게 가혹한 세금을 매기자 고통을 참지 못한 백성들이 그의 영지를 벗어나게 된 것은 필연지사였다.

사실 그는 같은 원씨 가문 출신이었음에도 원소와는 비교도 할 수 없을 정도로 매우 어리석은 인물이었다. 털끝만 한 재주나 학문도 없으면서 황제가 되고자 하는 헛된 꿈만 키웠다. 가장 큰 문제는 자신보다 출신이 비천하다는 이유로 주변의 모든 사람들을 얕잡아보는 못된 버릇이었다. 그는 능력 있는 자를 시기하고 의심하며 남의 말은 전혀 듣지 않았다. 일찍이 북해태수 공융은 유비를 찾아와 서주를 맡을 것을 강력히 권하면서 원술을 이같이 비판한 바 있다.

"무덤 속에 있는 원씨 조상의 해골이 무슨 가치가 있겠소."

원술은 조상들이 일구어 놓은 정통성의 가치를 계속 떠벌리기만 하면 모든 사람들이 이내 자신의 발 아래로 납작 엎드릴 것으로 착각했다. 게다가 편의에 따라 함부로 약속을 했으며 배신하는 일도 밥 먹듯 했다. 그의 휘하에 가장 용맹하기로 이름이 높았던 손견과 손책이 그에게서 떨어져 나가게 된 이유가 여기에 있다. 종형제인 원소와 틈이 생기게 된 것도 이 때문이었다. 당시 그는 공손찬과 관계를 맺었고 원소는 유표와 연결되었다. 원씨 가문의 정통성을 놓고 두 사람이 다투자 군웅들 대부분이 원소의 손을 들어주었다. 이에 원술이 대노했다.

"풋내기들이 나를 좇지 않고 나의 가노家奴(집안 노비)에게 붙는구나."

심지어 공손찬에게 보내는 편지에서는 원소를 이같이 비난했다.

"원소는 원씨 집안의 자손이 아니다."

원래 원소의 어머니는 시비 출신이었다. 그러나 청류와 탁류의 구분이 엄격했던 당시에도 부계 출신만 문제 삼았을 뿐 모계에 대해서는 관대한 편이었다. 그런 점에서 원소를 두고 가노라 칭한 것은 분명 악의적인 일이었다. 그는 최고의 명품가문의 적통인 자신만이 새로운 제국을 건설할 자격이 있다는 허황된 생각을 품고 있었다. 원술은 스스로 황제를 칭한 후 간신히 2년을 버텼으나 더는 버티기 힘들게 되자 그토록 멸시했던 원소에게 손을 벌리는 비참한 지경에 처하게 되었다. 북쪽의 원소가 있는 곳으로 가려던 원술은 조조가 보낸 유비가 그들을 공격해 오자 더는 북상하지 못하고 근거지인 수춘으로 도주했다. 결국 그는 건안 4년(199) 6월에 피를 토하고 죽고 말았다.

원소는 원술의 오만방자한 모습을 통해 자신의 행보를 새삼 점검해야 했다. 비록 그들의 최후의 날이 3년 밖에 차이가 나지 않지만 원술이 지나간 어리석은 길을 피해 좀 더 지혜로운 길로 발걸음을 옮겼더라면 그의 운명은 달라졌을지도 모른다.

후계육성에 총력을 다하라

초한전 당시 항우는 모든 면에서 유방보다 유리했다. 그 역시 원소와 마찬가지로 패배할 이유가 전혀 없었다. 그러나 항우는 유방에게 패하고 말았다. 이 또한 당대 최고의 명문가 출신으로서의 자부심에서 비롯된 것이었다. 결과적으로 원소는 초한전 때의 역사로부터 아무 교훈도 얻지 못한 채 항우의 전철을 밟은 셈이다.

원소가 마지막에 범한 가장 치명적인 실수는 죽기 직전까지 후사문제를 결정짓지 못한 것이었다. 이는 우유부단의 극치에 해당한다. 난세에 최고지도자의 우유부단한 행보는 치명타로 작용할 수밖에 없다. 특히 후계자 문제처럼 조직의 존망이 걸린 문제에 우유부단한 모습을 취하는 것은 마치 섶을 지고 불속으로 뛰어드는 것이나 다름없다.

원소가 관도에서 패할 당시 그의 옆에는 오직 원상만이 있었다. 원상은 후처 유씨의 소생이었다. 유씨는 원소 사후 원소의 애첩 5명을 모두 죽여버릴 정도로 포악한 인물이었다. 원상 역시 죽은 자의 가족까지 모두 죽이는 잔혹성을 드러냈다. 당시 적자인 원담은 청주, 원희는 유주를 지켰다. 원소가 죽은 후 이들 3형제가 합심했다면 결코 조조에게 쉽게 패하지는 않았을 것이다. 그러나 이들은 모두 조조에게 격파당하고 말았다. 원소가 생전에 후계자를 제대로 정해놓지 못한 후과로 볼 수밖에 없다.

삼국시대 당시 후계자 문제로 대사를 그르친 사람은 비단 원소뿐만이 아니므로 유독 이 문제로 그를 탓할 수도 없는 일이다. 그러나 그는 당대 최고의 정통성의 가치를 지닌 인물이었다. 크게 보면 관도대전의 패배도 치명적인 것이 아니었다. 더 큰 문제는 관도대전 패배 이후에도 반성은커녕 고식적인 모습을 보인 것이었다. 아무리 총애가 깊었더라도 막내아들에게 대권을 물려준 것은 내분을 일으키는 불씨를 던져준 꼴이 된다. 이 또한 조상이 만들어준 정통성의 가치에 도취되어 터무니없는 자신감을 표출한 것이다. 원소의 패망 배경과 관련한 진수의 분석이 이를 뒷받침한다.

"원소는 뛰어난 용모와 그릇을 지녀 당시 명성을 떨쳤다. 그러나 겉으로만 관대해 보였을 뿐이다. 그는 내심 능력 있는 사람을 미워했고, 일을 꾸미기는 좋아해도 결단력이 없었다."

원소는 뛰어난 풍도風度를 지니고 있었음에도 정통성에 대한 지나친 자부심과 우유부단, 잘못된 후계자 선정 등으로 인해 끝내 패하고 말았다. 변화무쌍한 난세의 시기에 정통성의 가치에 자만해 자기혁신의 노력을 게을리하면 오히려 패망의 지름길로 줄달음칠 공산이 크다. 정통성의 가치는 오랜 시간에 걸쳐 형성되는 고귀한 것이다. 원소는 이를 지켜내고 또 발전시키는 것이 얼마나 어려운 일인지를 몸으로 보여준 셈이다.

C E O 의 삼 국 지

최고의 브랜드 가치가 장수기업을 만든다

세계에는 수많은 브랜드가 존재한다. 어떤 브랜드는 소비자의 머릿속에 채 각인되기도 전에 사라지는가 하면 어떤 브랜드는 이와 정반대로 충성스런 열성고객을 만들어 오랫동안 사랑받기도 한다.

고객에게 오랫동안 사랑받는 브랜드가 되려면 '브랜드 라이프 사이클'에 따라 때마다 전략을 달리해야 한다. 출시 때의 전략과, 어느 정도 성장했을 때의 전략과, 최고의 명성을 누릴 때의 전략이 달라야 한다는 것이다. 예를 들어 상품이 출시될 때에는 소비자들의 관심을 단번에 끌 수 있는 적절한 광고가 있어야 하고, 시장에 진입한 이후에는 수명을 최대한 연장시키기 위한 홍보가 요구된다.

장수 브랜드의 경우 이런 홍보 전략을 치밀하게 구사하고 있다. 코카콜라의 경우 이름과 제품 포장, 광고, 색상 디자인 등을 하나같이 유지하면서 그 명성을 100년 넘게 이어오고 있다. 전 세계를 평정하고 있는 코카콜라의 브랜드 가치는 무려 100조 원에 달한다.

　기업에서 브랜드 가치의 중요성이 강조되는 것은 브랜드 자체가 기업의 가치를 배가시키는 무형자산으로 작동하고 있기 때문이다. 그러나 기업이 브랜드를 무형자산으로 인식하기 시작한 것은 비교적 최근의 일이다. 지난 1980년대 구미 각국의 기업이 적대적 기업합병 등의 외부 공격으로부터 자사를 보호하기 위한 수단으로 브랜드 가치를 화폐금액으로 환산해 대차대조표에 무형자산으로 올리기 시작한 것이 발단이 되었다. 이후 브랜드 가치를 무형자산으로 여기는 관행이 자리잡게 되면서 모든 기업이 브랜드 가치 제고에 비상한 노력을 기울이기 시작했다. 아마존 닷컴의 제프 베조스 회장은 그 의미를 이같이 풀이했다.

　"많은 사람들이 아마존에 몰리는 것은 아마존이 책값이 싸거나 구입이 수월하기 때문이 아니다. 그저 아마존이기 때문이다."

　소비자들이 제품 자체보다 기업의 얼굴인 브랜드를 구매하는 소비 행태를 보이게 된 배경이 여기에 있다. 전 세계 시장을 겨냥한 글로벌 기업 간의 경쟁이 심화되고 있는 21세기 시장 환경을 고려할 때 브랜드의 무형자산으로서의 가치는 더욱 중시될 수밖에 없다. 이러한 세계적인 추세를 반영해 브랜드를 단지 제품의 식별수단 정도로 치부해 온 국내 기업들이 최근에는 브랜드 가치 제고를 위해 많은 노력을 기울이고 있다. 그럼에도 몇몇 대기업을 제외하고는 대부분의 기업이 아직 이렇다 할 성과를 내지 못하고 있는 것이 사실이다.

스토리가 있는 브랜드를 만들어라

구체적인 성과를 내기 위해서는 발상의 전환이 필요하다. 품목을 단일화해 스토리를 담는 것이 중요하다. 아무 것도 없는 유비가 한실부흥의 브랜드 이미지를 통해 자립에 성공한 것이 그 실례이다. 엄밀히 얘기하면 유비가 구사한 것은 허위광고에 가까웠다. 그럼에도 그는 자신의 모든 언행을 한실부흥이라는 브랜드 이미지에 맞춰 입만 열면 이를 떠벌려 마침내 소기의 성과를 거두었다.

한국 현대 정치인 중에도 유비와 유사한 방략을 구사해 성공한 경우가 있다. 김영삼, 김대중 전 대통령의 경우 그들의 리더십에 대한 평가는 평하는 사람에 따라 극명하게 엇갈린다. 그럼에도 그들이 소위 민주화의 화신이라는 브랜드 이미지 구축작업에 성공해 청와대에 입성하게 되었다는 사실을 부인하는 사람은 없다. 만약 이들이 민주화의 화신이라는 브랜드 이미지 작업에 실패했다면 오랜 기간의 역경을 딛고 최후의 승리를 거두는 일은 사실 불가능했을 것이다. 박정희 전 대통령의 경우도 조국 근대화라는 브랜드 이미지 작업에 성공한 경우로 볼 수 있다. 인권탄압과 독재에 관한 비난여론에도 불구하고 그가 10년 넘게 각종 여론조사에서 계속 상위를 차지한 것은 대중에게 조국 근대화의 브랜드 이미지가 얼마나 깊이 각인되어 있는지를 방증한다.

팬들의 성원을 먹고 사는 연예인의 경우도 이와 별반 다르지 않다. 국민가수로 손꼽히고 있는 이미자의 경우 엘레지의 여왕이라는 이미지 브랜드에 성공해 국민들의 열광적인 사랑을 받았다. 수많은 가수들이 명멸했지만 그처럼 강렬한 이미지 브랜드를 창출한 사람은 없었다. 이는 정치인과 연예인, 기업 모두가 고객, 즉 국민과 관객 및 소비자의 심금을 울릴 수 있는 스토리를 지닌 브랜드 이미지를 확보해야만 장수할 수 있고 브랜드 가치를 높일 수 있음을 시사한다.

보이지 않는 가치에 집중하라

글로벌 브랜드로 자리 잡은 소니의 창업자 모리타 아키오는 일찍이 이렇게 말했다.

"나는 항상 브랜드야말로 기업의 생명이라고 생각해 왔다. 브랜드는 회사의 이름과 마찬가지로 고객과의 약속을 지키고 제품의 품질을 보장하는 것을 말한다."

고객의 신뢰를 얻는 것에서 문제를 풀어나가라고 조언한 것이다. 소니가 초기에 취한 브랜드 가치 창출 전략은 시사하는 바가 많다. 창업 초기 트랜지스터라디오로 미국시장 진출을 시작했을 때 미국 블로바에서 OEM조건으로 10만 대의 주문이 들어왔다. 그러나 소니는 이를 과감히 거절했다. 눈앞의 이익보다 미래의 가치를 창출해 줄 수 있는 브랜드 가치를 강화하기 위한 결단이었다. 이후 소니는 부단한 노력을 통해 전 세계 소비자들의 뇌리에 고품질의 제품을 공급하는 최고의 글로벌회사로 각인될 수 있었다.

현재는 대기업뿐만 아니라 중소업체들도 브랜드 가치의 창출에 앞장 서고 있다. 전기밥솥으로 유명한 쿠쿠전자가 대표적인 경우이다. 이 회사의 원래 명칭은 성광전자였다. 1999년 '쿠쿠'라는 판매법인을 세우고 단일 브랜드 이미지를 알리기 위해 총력을 기울였다. 그 노력의 일환으로 1998년부터 3년 동안 광고비만 50억 원을 투입했다. 이후 브랜드 이미지 각인 작업이 커다란 성과를 거두자 2002년에는 아예 사명을 쿠쿠전자로 바꿨다.

21세기에 들어와서는 공장이나 토지 등의 유형자산보다 오히려 브랜드 가치와 같은 무형자산이 더욱 중시되는 경향을 보이고 있다. 지난 2002년에 질레트가 국내 기업인 로케트전지의 상표권과 영업권 일부를 7년간 8백15억 원에 인수할 당시 브랜드 가치로만 6백60억 원을 책정한 게 그 실례이다. 프랑스와 이탈리아가 패션의 메카로 불리는 것도 여러 명품 브랜드의 명성으로 인한 것이다. 이런 명성을 얻는 것은 쉬운 일도 아니지만 이를 유지하는 것은 더욱 어려운 일이다. 이는 창업과 수성의 논리와 닮아 있다.

삼국시대 당시 최고의 '명문^{名門} 브랜드 가치'를 지니고 있었던 원소는 이에 실패해 몰락한 군주가 되었으나 유비와 조조는 볼품없는 '한문^{寒門} 브랜드 가치'의 극대화에 성공하여 훌륭한 군주로 기억되고 있다. 이미 얻은 성과에 만족해 현실에 안주하는가, 아니면 가진 장점을 더욱더 극대화하기 위해 노력을 기울이는가에 따라 정반대의 결과를 얻은 것이다. 매사가 그렇듯이 정상은 오르기도 힘들지만 일단 오를지라도 그 상태를 유지하기 위해서는 끊임없이 노력하는 길밖에 달리 도리가 없다.

C E O

5

司馬懿

건안 20년(215) 7월, 조조가 한중을 점령하자 승상주부로 있던 사마의는 조조에게 이같이 건의했다. "유비는 해될 것입니다. 성인은 천시를 거스르지도, 흘려보내지도 않습니다." 당시는 유비가 서촉으로 들어간 지 얼마 한 것은 분수에 넘치는 것을 탐한 과분한 욕심인가 야욕의 날을 세운 군주의 야심인가. 당시 조조는 씁쓸히 웃 익을 얻었는데도 분수에 넘치게 더 큰 이익을 바란다는 뜻이다. 조조가 인간의 욕심은 끝이 없으니 더 큰 이익

삼   국   지

잡았기 때문에 서촉의 백성들이 아직 귀부하지 않고 있습니다. 현재 한중을 치자 촉 땅이 진동하고 있으니 우리가 진군하면 저들은 반드시 와 … 이웃한 한중을 점령한 까닭에 서촉의 민심이 크게 동요하고 있었다. 사마의가 때를 놓치지 말고 여세를 몰아 서촉까지 장악해야 한다고 주장 람의 욕심은 끝이 없다고 하더니 이미 농[隴] 땅을 얻자 또다시 촉[蜀] 땅을 넘본단 말인가(득롱망촉)." 여기서 조조가 언급한 득롱망촉은 이미 큰 이 야 한다는 이상론을 펼친 데 반해 득롱망촉을 최초로 언급한 유수는 인간의 끝없는 욕심을 적극 수용해야 한다는 현실론을 편 셈이다.

사마의

패기로 가득 찬 타이밍의 귀재

 **사마의** 司馬懿, 179~251

조조의 위나라는 조비와 조예가 죽은 후 조방과 조모가 잇달아 보위에 올랐으나 너무 어렸던 탓에 제대로 힘을 발휘하지 못했다. 이 와중에 실권은 사마씨에게 넘어가고 만다. 훗날 삼국을 통일해 진나라를 세운 사마염의 조부인 사마의는 여러 가지 모습에서 조조와 흡사한 모습을 보인다. 조조는 경계를 아예 풀어버린 후계들과는 달리 사마의를 발탁하면서도 경계심을 풀지 않았다. 사마의 또한 자신의 의중을 숨기는 것이 매우 탁월했다. 그는 때가 올 때까지 속셈을 전혀 드러내지 않은 채 칼을 갈며 후일을 기약하는 병법의 달인이었다. 그의 자식과 손자 모두 변화무쌍한 임기응변의 전술과 상대방을 현혹시키는 갖가지 궤술을 그대로 전수받았다. 이것이 바로 사마씨가 천하통일의 주인공이 된 비결이었다.

CEO의 삼국지

정상을 향한
끝없는 욕심

원래 '득롱망촉得隴望蜀'이라는 말은 후한의 광무제 유수가 처음으로 언급한 것이다. 『후한서』 「잠팽전」에는 건무 8년(32)에 대장군 잠팽이 유수의 뒤를 좇아 농 땅의 서성西城을 차지하고 있는 외효를 포위했을 당시의 일화가 실려 있다. 포위전을 펼친 지 얼마 안 돼 유수가 동쪽으로 회군하면서 잠팽에게 이같이 말했다.

"서성이 함몰되면 장군은 곧 병사들을 이끌고 남쪽으로 가서 서촉의 적들을 치시오. 사람의 욕심은 끝이 없는 법이니 장군이 이미 농 땅을 얻게 된다면 내친 김에 다시 서촉을 넘볼 만하오."

이는 외효를 격파하면 곧이어 서촉을 차지하고 있는 공손술을 치라고 격려한 것이었다. 유수가 언급한 득롱망촉은 "사람의 욕심은 끝이 없으니 하나를 얻은 김에 또 하나를 얻자"는 의미를 지니고 있다.

적극적인 속도경영을 펼치다

건안 20년(215) 7월, 조조가 한중을 점령하자 승상주부로 있던 사마의는 조조에게 이같이 건의했다.

"유비는 거짓과 폭력으로 유장을 잡았기 때문에 서촉의 백성들이 아직 귀부하지 않고 있습니다. 현재 한중을 치자 촉 땅이 진동하고 있으니 우리가 진군하면 저들은 반드시 와해될 것입니다. 성인은 천시를 거스르지도, 흘려보내지도 않습니다."

당시는 유비가 서촉으로 들어간 지 얼마 안 된 데다 조조가 곧바로 이웃한 한중을 점령한 까닭에 서촉의 민심이 크게 동요하고 있었다. 사마의가 때를 놓치지 말고 여세를 몰아 서촉까지 장악해야 한다고 주장한 것은 분수에 넘치는 것을 탐한 과분한 욕심인가 야욕의 날을 세운 군주의 야심인가.

당시 조조는 씁쓸히 웃으며 이렇게 말했다.

"사람의 욕심은 끝이 없다고 하더니 이미 농隴 땅을 얻자 또다시 촉蜀 땅을 넘본단 말인가(득롱망촉)."

여기서 조조가 언급한 득롱망촉은 이미 큰 이익을 얻었는데도 분수에 넘치게 더 큰 이익을 바란다는 뜻이다.

조조가 인간의 욕심은 끝이 없으니 더 큰 이익을 바라는 마음을 절제해야 한다는 이상론을 펼친 데 반해 득롱망촉을 최초로 언급한 유수는 인간의 끝없는 욕심을 적극 수용해야 한다는 현실론을 편 셈이다.

도덕이상주의 관점에서는 조조가 말한 취지가 옳다. 그러나 천하통일을 반드시 이루어야 한다는 정치현실주의적 관점에서는 유수의 언급이 타당하다. 유수가 천하통일을 이루어 후한제국을 세운 데 반해 조조는 끝내 천하통일을 이루지 못하고 숨을 거둔 것은 득롱망촉에 대한 각각의 해석과 무관하지 않다고 보아야 한다.

실제로 당시의 사태는 사마의가 예언한 대로 진행되었다. 조조가 군사를 한중에 주둔시킨 지 7일째 되던 날 서촉에서 투항한 자가 조조에게 이같이 보고했다.

"서촉 사람들이 하루에도 수십 번씩 놀라자 변방을 지키던 장수들이 동요하는 자들을 참수하는 등 강력히 대처하고 있으나 능히 안정시키지 못하고 있습니다."

이에 마음이 움직인 조조가 곁에 있던 참모 유엽에게 물었다.

"지금이라도 진격할 수 있겠소."

유엽이 고개를 가로저었다.

"지금은 서촉이 조금씩 안정돼 가고 있어 진격할 수 없습니다."

결국 조조는 천하를 평정할 수 있는 절호의 기회를 놓치고 만 것이다. 이를 두고 훗날 『삼국지』에 주석을 가한 배송지는 이같이 평했다.

"조조가 한중을 평정하자 서촉 사람들이 하루에도 수십 번씩 놀라게 되었다. 유비가 비록 놀라 동요하는 자들을 참수하는 등 강력히 대처했으나 이를 막을 길이 없었다. 조조는 유엽의 계책을 채택치 않음으로써 서촉을 석권할 수 있는 기회를 놓치고 말았다."

그러나 원제국의 호삼성은 『자치통감』을 주석하면서 정반대의 해석을 내렸다. 그는 진격불가를 주장한 유엽의 언급을 거론하면서 이렇게 분석해 놓았다.

"불과 7일 사이에 어떻게 갑자기 조금씩 안정되어 가고 있다고 말할 수 있는가. 유엽은 대략 유비의 방어태세를 엿보고 범할 수 없다고 판단한 듯하다. 그래서 조조에게 그같이 말한 것일 뿐이다."

두 사람의 엇갈린 해석은 훗날 적잖은 논란을 빚어냈다. 현재는 성리학자들이 호삼성의 견해에 동조하여 이 견해가 주류를 이루고 있다. 조조가 한중을 막 점거한 상황에서 갑자기 서촉으로 진격할 경우 뒷감당을 하기 어려웠다는 점 등이 논거로 제시되고 있다.

그러나 설령 이들의 논거를 모두 수용할지라도 과연 서촉으로 진격하는 것이 불가능했던 것인가 하는 점은 여전히 의문으로 남는다. 오히려 배송지의 주석을 뒷받침할 만한 근거가 매우 많다. 당시 사마의와 유엽은 조조에게 유수가 말한 의미의 득롱망촉을 충심으로 간청했다. 이들의 제안은 당시의 정황에 대한 정확한 분석에 따른 것이었다. 당시 유비의 최고 책사로 있던 법정의 언급이 이를 뒷받침한다.

"조조는 단숨에 장로를 항복시키고 한중을 평정했음에도 승세를 몰아 파촉을 도모하지 않고 하후연과 장합만을 남겨둔 채 자신은 급히 북쪽으로 돌아갔습니다. 이는 그의 지모가 이에 이르지 못한 것도 아니고 그의 역량이 부족한 것도 아닙니다. 반드시 내부에 우환이 있어 상황이 급박했기 때문일 것입니다."

당시 서촉 백성들의 동요는 상상 이상이었다. 이에 조조군과의 접전에서 궁지에 몰린 유비는 제갈량에게 지원군 급파를 명하는 서신을 보내기도 했다. 당시 제갈량이 종사 양홍을 불러 이를 문의하자 양홍은 이같이 건의했다.

"한중은 서촉의 인후이자 존망의 관건입니다. 만일 한중이 없다면 촉 땅 또한 없는 것이나 마찬가지입니다. 이는 대문 앞에 있는 화근이니 징병을 머뭇거릴 이유가 어디 있겠습니까."

당시 조조는 서촉의 숨통을 틀어쥐고 있었다. 그럼에도 조조는 득롱망촉을 도덕적 이상을 거스르는 과분한 욕심 정도로만 생각했던 것이다. 그의 이러한 판단은 천하통일의 기회를 놓치게 한 어리석은 것이었다. 현실주의적 관점에서 득롱망촉을 바라본 사마의의 야심이 돋보이는 대목이다.

훗날 마오쩌둥은 조조를 평하면서 사마의의 건의를 좇지 않은 것은 큰 잘못이었다고 지적한 바 있다. 국공내전 당시 홍군은 회해대전淮海大戰을 통해 장강 이북을 점령한 후 여세를 몰아 장강의 도강에 성공해 마침내 천하를 통일할 수 있었다. 당시 스탈린은 마오쩌둥이 중국 전체를 거머쥐는 것을 우려해 장강의 도강에 반대했다. 만일 마오쩌둥이 이를 그대로 좇았다면 중국은 이내 남북조시대를 맞았을 것이다. 천하통일에 성공한 마오쩌둥이 조조의 득롱망촉을 비판한 이유가 여기에 있다.

경험 많고 교활한 야심가

사마의는 전장뿐만 아니라 일상 행보에서도 시종일관 『손자병법』에서 강조하는 궤도로 일관했다. 다만 조조 앞에서는 극도로 행동을 자제하며 속셈을 드러내지 않았을 뿐이다. 천하를 거머쥐고자 하는 그의 본색이 드러난 것은 조조를 만난 지 40여 년이 지난 뒤였다.

사마의는 조조와 조비, 조예, 조방 등 4대를 섬기며 국가 최고의 권력자로 부상해 있었다. 조예가 숨을 거둘 당시 8세의 어린 조방이 위나라의 제3대 황제로 등극하게 되자 사마의는 조예의 부탁에 따라 조상과 함께 어린 황제를 보필하는 보정대신輔政大臣이 되었다.

조조의 조카인 조상은 위나라 건국에 큰 공을 세운 조진의 아들로 부귀한 집에서 태어나 고량진미만 먹고 귀엽게 자라난, 고생을 전혀 모르는 철부지였다. 그는 부친 조진의 후광에 힘입어 최고의 자리에 오른 평범하기 그지없는 황족의 일원에 불과했다. 반면 사마의는 오랜 세월동안 전쟁터를 누비며 온갖 궤계를 구사한 경험 많고 교활한 인물이었다. 사마의가 조상을 제거하는 것은 손바닥을 뒤집는 것처럼 쉬운 일이었던 것이다.

사마의는 최고 권력의 자리를 얻은 순간에도 그것에 만족하지 않고 더 큰 권력을 얻으려는 야심을 드러내었다. '농 땅을 얻은 김에 촉 땅까지도 얻어보자'라는 득롱망촉의 야심을 뼈 속 깊이 품은 것이다.

다가온 기회를 재빨리
내 것으로 만들어라

『진서』「선제기」는 사마의를 음험하고 교활하며 냉혹하고 무자비한 인물로 묘사해 놓았다. 「선제기」의 사마의에 대한 총평이다.

"사마의는 속으로는 꺼리면서도 겉으로는 너그러운 척했고, 의심과 시기가 많았으나 임기응변에 능했다."

당시 사마의는 소위 사병계詐病計(거짓으로 병약한 척 꾸밈)를 구사해 조상의 경계심을 늦춘 뒤 때가 오자 전광석화 같은 반격을 가해 3족을 멸한 뒤 위나라의 권력을 완전히 장악했다.

사마의는 삼국을 통일한 사마염의 조부로서 천하통일의 단초를 충분히 제공한 인물이다. 일부 전문가들은 사마의가 생전에 통일을 이룬 것이 아니라는 점을 들어 그를 군주가 아닌 장수의 범주에 넣고 있지만 사실 그는 능히 군주의 일원으로 평가되어야 한다.

적당한 때를 살펴 명중의 활을 쏴라

왕위를 빼앗긴 것은 조상이 화를 자초한 측면이 강하다. 몸이 아프다는 핑계로 사마의가 조회에 나오고 있지 않는데도 조상은 그가 무슨 일을 꾸미고 있는지 알아보려 하지도 않았다. 그는 전권을 쥐고 있다는 사실에 도취된 나머지 교만하고 사치스런 모습을 보였다. 사용하는 음식과 의복은 황제가 사용하는 것과 유사했고, 집에는 각처에서 진상한 진기한 물건이 가득했다. 집안에 지하실을 만들어 사방에 화려한 주단으로 장식해 놓고 가무에 능한 양가의 자녀 30~40명을 뽑아 가악家樂으로 삼기도 했다. 세스가 지적한 바처럼 오만이 그의 막강한 권력을 갉아먹고 있었던 것이다.

이러한 가운데 사마의는 은인자중隱忍自重(뜻을 밖으로 드러내지 않고 참고 견디면서 몸가짐을 신중히 함)하며 때를 기다렸다. 마침내 조방이 가평 원년(249) 정월 6일에 고평릉(명제 조예의 능)을 찾아 제사를 올린다는 소식이 들어왔다. 대장군 조상과 그의 동생 중령군 조희, 무위장군 조훈, 산기상시 조언을 비롯해 모든 대소 관원이 따라나섰다. 정탐꾼을 통해 소식을 접한 사마의는 거짓으로 누워있던 병상에서 벌떡 일어나 태위 장제 등과 함께 영녕궁으로 달려갔다. 그곳에는 궁궐의 최고 어른인 곽태후(조비의 부인)가 있었다. 그가 곽태후에게 말했다.

"조상이 선제의 탁고유명託孤遺命을 저버리고 간악한 짓을 저질러 나라를 어지럽히고 있으니 그 죄를 물어 직위를 폐해야만 합니다."

"황상은 지금 밖에 계신데 어찌한단 말이오."

"신에게 주상께 올릴 표문이 있고 간신을 벨 계책도 있으니 태후께서는 근심하지 마십시오."

사마의는 곧 장제에게 표문을 지어 조방에게 전하게 했다. 그 사이 곽태후의 명을 내세워 각 성문을 닫도록 조치한 뒤 군사를 이끌고 무기고로 달려가 무력으로 무기고를 점거하여 병사들을 무장시켰다. 당시 아무 것도 모르는 조상은 제사가 끝나자마자 이내 측근들과 함께 한창 매를 날리며 사냥을 하고 있었다.

수시로 조상의 움직임에 관한 보고를 받고 있던 사마의는 이내 군사를 이끌고 출성하여 낙수洛水의 부교浮橋를 지키면서 사도 고유에게 부절을 내주며 이같이 명했다.

"조상을 대신해 대장군의 직무를 대행하고, 즉시 조상의 영채를 장악토록 하라."

조상은 이때야 비로소 변란이 일어났다는 보고를 받게 되었다. 얼마 후 내관이 사마의의 표문을 가지고 와 바쳤다. 표문의 내용은 대략 다음과 같았다.

"신 사마의는 황공함을 무릅쓰고 머리를 조아려 삼가 표문을 올립니다. 신이 이전에 요동에서 돌아왔을 때 선제가 폐하와 신을 가까이 부른 후 신의 팔을 잡고 후일을 깊이 염려했습니다. 그래서 신이 말하길, '태조太祖(조조)와 고조高祖(조비) 역시 신에게 사후의 일을 부탁했고 이는 폐하가 눈으로 직접 본 것이니 무슨 우려할 일이 있겠습니까. 만일 여의치 않은 일이 있으면 신은 목숨을 바쳐 보필할 것입니다'라고 했습니다. 지금 대장군 조상이 고명顧命을 버리고 국법을 어지럽혀 안에서는 무례하게도 군주의 의례를 모방하고 밖에서는 마음대로 권력을 휘두르고 있습니다. 신은 비록 늙고 굼뜨나 어찌 감히 지난날의 맹서를 잊을 수 있겠습니까. 태위 장제 등이 상주하자 황태후가 신에게 영을 내려 상주한대로 시행하게 했습니다. 신은 병든 몸으로 군사를 이끌고 나와 낙수 부교에 주둔하면서 비상사태에 대비하고자 합니다."

조조는 사마의에게 후사를 부탁한 적이 없었다. 사마의는 아무것도 모르는 어린 황제 조방에게 조조가 자신에게 후사를 부탁했다는 식의 거짓말을 태연히 한 것이다. 이미 제위를 찬탈하겠다는 야심을 확고히 굳힌 것이다.

조상은 이 표문을 보고 크게 당황하여 곧바로 두 동생을 불러 대책을 상의했다. 그러자 동생 조희가 이같이 건의했다.

"사마의로 말하면 그 속임수가 비길 수 없어 제갈량도 이기지 못했는데 우리가 어떻게 당하겠습니까. 아무래도 자진하여 투항하는 수밖에 없을 듯합니다."

"그 늙은이가 과연 우리가 투항한다고 해서 살려두려고 할까. 일단 좀 더 지켜보는 것이 좋을 것이다."

그리고는 표문을 조방에게 보고하지 않은 채 이내 어가를 이수伊水 남쪽에 머물게 하면서 나무를 베어 녹각鹿角을 쌓고 둔전병 수천 명을 보내 어가를 방어케 했다. 싸움이 벌어질 경우 황제 조방을 호위하고 있는 조상 쪽이 명분 면에서 우위를 점할 수 있었다. 사마의는 이를 우려해 누차 사람을 보내 교묘한 말로 조상을 설득했다. 조상 형제는 새벽이 올 때까지도 결단을 내리지 못하고 있었다. 마침내 조상이 벌떡 일어나 이내 쥐고 있던 칼을 땅에 던지며 이같이 말했다.

"관작을 버리기만 하면 나는 여생을 부가옹富家翁(돈 많은 노인)으로 살 수 있다."

용렬한 조상은 일전불사를 택하지 못하고 투항을 하면 목숨을 보전할 수 있다는 사마의의 감언에 넘어가고 만 것이다. 조상이 사마의의 표문을 조방에게 보이며 자신의 관직을 면제해 줄 것을 청하자 조방은 이를 허락했다. 조상이 인수를 풀고 나가려고 하자 주부 양종이 인수를 꽉 붙잡고 울면서 간했다.

"공은 천자를 끼고 권력을 장악하고 있는데 어찌하여 지금 인수를 풀고 동시東市로 가려는 것입니까."

동시는 장안의 동쪽에 있는 시가지로 사형을 집행하던 곳이다. 어리석은 조상은 양종을 떼어놓으며 이같이 호언했다.

"내가 태부에게 박하게 대한 것도 없고 태부 또한 결코 신의를 저버릴 사람이 아니오."

조상 형제의 휘하에 있던 군사들은 이런 광경을 보고 슬금슬금 사방으로 흩어져 달아나기 시작했다. 조상 일행이 어가를 모시고 부교에 이르자 사마의는 곧 명령을 내려 조상 3형제를 우선 자택으로 돌아가게 한 뒤 나머지 무리는 모두 감금했다. 어가를 호송하여 낙양으로 들어온 사마의는 곧 군사를 보내 조상 형제의 집을 포위하도록 했다. 거병한 지 나흘이 지난 날 사마의는 모반을 꾀한다는 이유로 조상의 일족과 일당 등 총 1천여 명을 동시로 끌어내 목을 베었다. 이로써 조씨의 위나라는 사실상 사마씨의 나라로 바뀐 것이나 다름없었다. 어린 조방 곁에는 이제 그를 지켜 줄 사람이 한 명도 남아 있지 않았다.

이후 사마씨는 사마의와 사마사, 사마소로 이어지는 16년의 세월 속에 두 차례에 걸친 황제폐립과 살육전을 거쳐 마침내 사마염 때 위나라 찬탈에 성공했다. 찬탈의 단초가 사마의에 의해 열린 셈이다.

속도전과 지구전의 절묘한 결합

사마의는 그야말로 궤도의 달인이었다. 실제로 그는 적을 제압하기 위해 취할 수 있는 모든 수단을 동원하여 승리를 낚아챘다. 그중 돋보이는 것은 마음을 먹은 후에는 망설이지 않고 계획을 실행에 옮겼다는 사실이다. 사마의의 전술이 상황에 따라 속전속결과 지구전을 병용하는 변화무쌍한 모습으로 나타난 이유가 여기에 있다.

사마의의 속도전은 맹달의 목을 벨 때에도 드러났다. 당초 제갈량은 남만을 정벌한 후 줄곧 신성新城의 맹달에게 서신을 보내 자신의 부하가 될 것을 청했다. 그러나 맹달은 제갈량이 과연 낙양과 장안을 동시에 칠 수 있을지 의문이 들어 계속 머뭇거리며 결단을 못 내렸다. 당시 완성에 있던 사마의는 맹달이 제갈량과 내통하고 있다는 사실을 알고는 곧 맹달에게 서신을 보냈다. 서신의 내용은 대략 다음과 같았다.

"나는 요 얼마간 장군이 참소를 받아 어려움을 겪고 있다는 것을 잘 알고 있소. 심지어 장군이 촉한과 내통하고 있다는 무함까지 있었소. 그래서 내가 서신을 보내는 것이니 부디 자중하기 바라오. 내가 곧 상표하여 신의가 장군을 무함한 사실을 자세히 고하여 엄형에 처하도록 할 것이니 장군은 마음을 편히 갖길 바라오. 혹여 장군이 노한 나머지 비상한 마음을 품었다면 부디 노여움을 풀고 군마를 파하기 바라오."

맹달은 사마의의 서신을 보고 또다시 마음이 바뀌어 결정을 내리지 못한 채 머뭇거리며 시간을 허비했다. 이때 사마의의 큰아들 사마사가 건의했다.

"급히 표문을 써 황상께 상주하도록 하시지요."

사마의는 그야말로 궤도의 달인이었다. 실제로 그는 적을 제압하기 위해 취할 수 있는 모든 수단을 동원하여 승리를 낚아챘다. 그중 돋보이는 것은 마음을 먹은 후에는 망설이지 않고 계획을 실행에 옮겼다는 사실이다.

사마의가 고개를 내저었다.

"천자의 칙지가 내리기를 기다리다가는 오고 가는데 한 달이 지나고 말 터이니 그 사이에 일은 그만 늦어지고 말 것이다."

사마의는 은밀히 말머리를 신성 쪽으로 돌려 맹달부터 제거할 생각이었다. 그러자 이를 알게 된 제장들이 이같이 말했다.

"맹달은 이미 제갈량뿐만 아니라 동오와도 결탁한 것이 분명하니 일단 그의 동정을 살핀 뒤 움직이는 것이 좋을 듯합니다."

사마의가 손을 내저었다.

"맹달이 결정을 내리지 못하고 머뭇거리고 있는 틈을 타 속히 그를 해치워야 한다."

사마의는 장병들을 모아놓고 이같이 하령했다.

"신성을 향해 하루에 이틀 길을 가도록 하라. 만일 지체하는 자가 있으면 그 자리에서 목을 벨 것이다."

사마의는 참군 양기에게 격문을 들고 재빨리 신성으로 달려가 맹달에게 출전준비를 하도록 전하게 하면서 맹달이 의심을 품지 않도록 조심할 것을 당부했다. 맹달은 해를 넘겨 태화 2년(228) 정월이 되자 군마를 조련하며 사마의의 사자가 오기를 기다렸다. 이때 홀연히 사마의의 참군이 와서 영을 전했다.

"사마도독이 천자의 조서를 받들어 각처의 군사를 일으켜 촉병을 물리치려 하시니 장군도 본부 군마를 모아놓고 영을 기다리도록 하십시오."

"내가 차질 없이 준비해 놓고 영을 기다리고 있다고 전해주오."

제갈량과 내통하고 있던 맹달은 사마의의 참군을 내보낸 뒤 병마를 이끌고 방비가 허술해진 낙양을 취할 생각에 크게 기뻐했다. 그러자 곧 사람이 와 성 밖에 티끌이 일어 하늘을 찌르며 어디서 오는지 모를 군사가 들어오고 있다고 전했다. 맹달이 성벽 위로 올라가 멀리 바라보니 한 떼의 군마가 나는 듯이 성을 향해 달려오는 모습이 보였다. 사마의가 제갈량이 예측한 대로 밤낮을 쉬지 않고 달려 8일 만에 맹달이 있는 성 아래에 이르게 된 것이다. 사마의가 돌연 직접 군사를 이끌고 도착하자 이에 경악한 맹달은 급히 제갈량에게 편지를 보냈다.

"내가 거사한 지 불과 8일밖에 안 되었는데 사마의가 이를 어찌 알고 벌써 군사를 이끌고 성 아래에 이미 도착했습니다. 그가 어찌 이렇게 귀신같이 빠르게 진군했는지 도저히 헤아릴 길이 없습니다. 승상께서 급히 원군을 보내 주시면 안팎으로 협격하여 사마의를 사로잡겠습니다."

맹달은 곧 지원군을 보내겠다는 제갈량의 회신을 받고는 원군이 오기만을 기다리며 성을 굳게 지켰다. 제갈량이 지원군을 보내자 사마의는 일부 제장들을 보내 이들을 막는 한편 신성에 맹공을 퍼부었다. 그는 결국 맹달의 휘하 장수를 포섭해 밤에 몰래 성문을 열게 만들었다. 사마의의 군사들이 벌떼처럼 쳐들어가자 맹달은 갑옷도 제대로 입지 못한 채 급히 북문을 통해 도주하다가 뒤쫓아 온 병사들에 의해 창에 찔려 죽고 말았다. 신성을 친지 꼭 16일 만에 성을 공략하고 맹달의 목을 벤 것이다. 당시 사마의가 보여준 행보는 속도전의 진수에 해당한다.

사마의는 요동의 공손연을 토벌하고 제갈량과 접전할 때에는 정반대로 지구전을 구사했다. 공손연을 토벌할 당시 제장들이 이의를 제기하자 사마의는 이같이 말했다.

"전쟁이란 시종 변법變法을 쓰는 것이다. 정황이 다르면 작전 또한 달라져야만 한다. 지금 상대는 수가 많은 데다가 날씨는 악천후로 비까지 내리고 식량은 부족하여 허덕이고 있다. 이때는 꼼짝도 하지 못하고 있는 모습을 보여 상대방을 안심시키는 것이 상책이다. 눈앞의 이익에 끌려 덤비다가는 아무런 성과도 거두지 못하고 말 것이다."

사마의는 평소 사람을 대할 때에도 궤도를 구사했다. 시기가 불리하면 온갖 모욕을 견디며 때가 오기를 기다렸다. 이 와중에 상대방을 단번에 쓰러뜨리기 위한 치밀한 계획을 세워나갔다. 때가 왔다고 판단되면 졸지에 상대방을 궁지로 몰아넣어 궤멸시키는 전광석화의 속도전을 구사했다. 조상을 쓰러뜨릴 때 구사한 전술이 바로 그것이다.

당시 그는 마지막 순간에는 속도전을 펼쳤으나 그 이전에는 조상을 오만한 자만심에 빠뜨리기 위해 사병계를 구사하는 등 일종의 지구전을 펼쳤다. 그의 승리는 속도전과 지구전의 절묘한 결합에 따른 것이었다. 속도전과 지구전은 상호 배치되는 것이 아니다. 이는 마치 왕도와 패도가 그렇듯이 상황에 따라 적절히 섞어 사용할 필요가 있다.

CEO의 삼국지

최고를 향해 빠르게 돌진하라

물리학의 법칙에 따르면 현대사회는 큰 것이 작은 것을 잡아먹는 것이 아니라 빠른 것이 느린 것을 잡아먹는 시대라고 할 수 있다. 『손자병법』「작전」편에 이를 뒷받침하는 대목이 나온다.

"전쟁은 다소 미흡한 점이 있더라도 속전속결로 해야 한다. 정교하게 계획을 꾸밀지라도 오래 끌어 승리했다는 예를 본적이 없다. 공격시기를 놓치면 사기가 저하되고 집중력도 떨어져 오히려 상대에게 공격할 기회를 제공하는 꼴이 된다."

대표적인 사례로 몽골 기마군을 들 수 있다. 역사상 가장 방대한 영역의 세계 최대 제국을 구축했던 몽골군의 당시 진군속도는 시속 70km에 달했다. 병사 한 사람이 말 5마리를 끌고 가면서 타고 가던 말이 지치면 곧바로 갈아타는 수법을 구사한 덕분이었다. 이들은 쾌속을 유지하기 위해 모든 수단을 동원했다. 경무장한 갑옷은 가죽갑옷 안에 넣은 철편의 무게를 감안할지라도 7kg을 넘지 않았고, 휴대식량은 말린 고기가루와 이를 개어먹기 위한 물밖에 없었다. 당시 유럽 기사단은 70kg이 넘는 중무장을 하고 있었다. 게다가 말까지 갑주를 씌운 까닭에 기동성에서 몽골 기마군의 상대가 되지 않았다.

몽골군은 적의 배후를 공격해 그 힘을 분산시키고, 적들이 힘을 결집할 틈을 주지 않기 위해 연속적인 타격을 가하는 수법을 구사했다. 이를 제도적으로 뒷받침하기 위해 30km마다 역참驛站을 설치했다. 30km는 말이 최고의 속도로 달릴 수 있는 거리이다. 수천 개에 달하는 역참은 점점이 흩어져 네트워크형 전달방식으로 짜여졌다.

나폴레옹은 몽골군의 속도전을 흉내냈다. 당시 프랑스군의 진군속도는 1분에 120보로 적군보다 거의 2배나 빨랐다. 그는 이런 기동력을 바탕으로 객관적인 중과부적의 상황을 역전시킬 수 있었다. 『손자병법』의 이치를 꿰고 있었던 셈이다. 소수의 병력으로 승리를 낚았다는 부하의 칭송에 그는 이같이 반박했다.

"우리는 전체 병력에서 소수였으나 적과 만나는 접점에서만큼은 빠른 진군속도로 적보다 많은 병력을 투입할 수 있었다. 나는 언제나 다수를 가지고 소수를 이겼다."

사마의가 구사한 속도전은 동서고금을 막론하고 승리를 낚은 자라면 누구나 유용하게 사용한 것이었다. 생각을 재빠르게 행동으로 옮기는 것은 남보다 먼저 승리의 깃발을 꽂게 해주는 중요한 항목이 아닐 수 없다.

TV로 본 속도경영

TV의 역사는 속도경영이 얼마나 중요한지를 극명하게 보여준다. 세계 가전업계는 TV를 장악한 기업에 의해 주도되어 왔다. TV 시장의 성패에 따라 전체 가전시장의 구도 자체가 변했다.

1940년에서 1960년대까지는 브라운관 TV를 대중화한 미국의 RCA가 세계시장을 석권했다. RCA는 이를 기반으로 라디오와 오디오 시장까지 확고히 장악했다. 그러나 1970년대에 들어와 소니의 도전이 거세지면서 이내 TV 산업의 주도권을 빼앗기고 말았다. 이후 RCA는 VCR 표준 경쟁에서 패하고 사업 다각화에 실패하면서 결국 1985년 GE에 매각됨으로써 역사의 무대에서 사라졌다.

이후 일본의 소니는 1968년 당시 브라운관의 혁명으로 일컬어지는 트리니트론 브라운관을 개발하면서 TV 산업을 완전히 제패했다. 이 기술은 전자빔이 세 개인 기존의 브라운관 기술 대신 하나의 전자총에서 세 개의 빔이 나오는 기술을 말한다. 이로써 선명하고 화사한 색감의 구현이 가능해졌다. 이후 소니는 여세를 몰아 영상과 음향 분야까지 최고의 기업으로 우뚝 섰다. 업계는 이를 '소니신화'로 불렀다.

2000년대에 들어와 삼성전자와 LG전자가 소니신화를 재현하는 사건을 만들어냈다. 이는 아날로그를 대신하는 디지털의 흐름에 재빨리 편승한 덕분이었다. 디자인과 평판 디스플레이 기술을 적극 활용해 디지털 TV 시장을 선도하고 있는 삼성전자와 LG전자는 디지털TV 최대 전쟁터로 불리는 미국 시장에서 매년 기록을 갱신할 정도로 승기를 꽉 잡고 있다. 전 세계에서 팔리는 TV 10대 가운데 4대가 이들 두 회사 제품이다. 소니 등 경쟁 업체에 비해 한 발 앞선 속도경영과 독자적인 브랜드 이미지 재고 작업이 주효한 결과이다.

그러나 앞으로가 문제이다. 1위 자리의 탈환을 노리는 소니는 말할 것도 없고 신흥 디지털 강국인 중국과 대만의 추격도 만만치 않다. 현재 일본 가전업계는 타도삼성을 기치로 내걸고 하나로 뭉쳐 입체영상인 3D의 실용화에 승부수를 던진 상황이다. 이들이 3D TV 시장의 독식을 겨냥해 각종 콘텐츠 개발에 심혈을 기울이고 있는 노력은 가히 위협적이다. 속도경영에서 뒤쳐질 경우 또다시 역전 상황이 빚어질지도 모를 일이다.

지난 2010년 1월 10일, 미국 라스베가스에서 열린 소비자가전쇼(CES) 2010에 참석한 이건희 전 삼성회장은 소위 '구멍가게론'으로 속도경영의 요체를 언급한 바 있다. 당시 한 기자가 삼성의 신수종 사업 준비 상황을 묻자 그는 이렇게 대답했다.

"턱도 없다. 아직 멀었다. 10년 전 삼성은 현재의 5분의 1 크기의 구멍가게 같았는데, 까딱 잘못하면 그렇게 된다."

치열한 경제전쟁 상황에서 잠시라도 방심할 경우 곧바로 후발주자에게 추월당할 수밖에 없다는 위기의식을 구멍가게론으로 표현한 것이다. 사실 삼성뿐 아니라 한국 기업 전체가 중국과 인도 등 후발국의 추격과 선진국의 견제 속에서 살아남기 위해서는 속도경영의 중요성을 한시라도 잊어서는 안 된다.

치열하게 전개되는 비즈니스의 세계에서 속도만큼 그 중요성이 대두되는 것도 없다. 아무리 많은 일을 계획하고 많은 사업을 벌인다 할지라도 속도를 내 진행하지 않는다면 수많은 계획과 노력은 물거품이 되고 말 것이다. 비록 거짓과 권모술수로 왕위를 빼앗은 사마의지만 그것을 실행함에 있어 거침없이 돌진하고 실행에 옮긴 것은 마땅히 배우고 본받아야 할 중요한 포인트이다.

C E O

6
諸葛亮

제갈량이 군사보다 행정에 밝았다는 진수의 서술은 바꿔 해석하면 제갈량이 얼마나 체계적으로 촉나라를 이끌에 차별이 있어서는 안 됩니다. 곽유지와 비의, 동윤은 모두 선량하고 진실하며 뜻이 충직한 사람들입니다. 궁중소사를 막론하고 모두 그에게 문의하면 사람마다 능력에 따라 적소에 배치될 줄로 압니다. 정사의 손익을 짐작하거든 신의 죄를 다스려 선제의 영전에 고하고, 폐하의 덕행을 드높이는 충언이 없으면 곽유지와 비의, 동윤의

삼 국 지

표」에 나오는 다음 대목이 이를 강력하게 뒷받침하고 있다. "궁중과 조정은 모두 한 몸이니 잘한 자는 상을 주고 잘못한 자는 벌을 주는 일
 그들에게 문의한 후 행하면 반드시 크게 유익할 줄로 압니다. 장군 상총은 성품이 선량하고 공평한 데다 군사에 밝습니다. 영내의 일은 대
 곧 곽유지와 비의, 동윤이 할 일입니다. 원컨대 폐하는 흉적을 토벌하고 한실을 부흥하는 일을 신에게 맡기기 바랍니다. 만일 성공하지 못
폐하도 스스로 도모하여 착한 길에 대해 자문을 구하고 바른 말을 살펴 받아들여 선제의 유조遺詔(임금의 유언)를 성심껏 따르기 바랍니다."

제갈량

체계적 경영으로 이름을 떨친

 **제갈량** 諸葛亮, 181~234

유비는 삼고초려 끝에 제갈량을 끌어들인 후 수어지교의 예우를 베풀었다. 훗날 이백은 이를 기려 '고기와 물이 삼고 끝에 만났으니 바람과 구름이 사해에 인다'고 읊었다. 제갈량은 유비의 지은에 보답하기 위해 유비가 죽은 후에도 충성을 다했다. 북벌에 나서기 직전 유선에게 올린 출사표가 후대인들의 심금을 울리는 이유이다. 그러나 제갈량은 군사에 뛰어난 인물은 아니었다. 때문에 제1차 북벌은 읍참마속이라는 고사만 만들어냈을 뿐 실패로 끝나게 되었다. 이후의 북벌 역시 소득이 없기는 마찬가지였다. 대소사에 모두 관여해야만 안심하는 완벽에 대한 강박증이 그 원인이었다.

완벽하지 않지만 훌륭한 관리자

『삼국연의』에서 제갈량은 신출귀몰한 인물로 묘사되었다. 사람들이 그를 지혜의 화신으로 여기는 이유이다. 그러나 『삼국지』 등의 정사에 나오는 그의 모습은 이와 사뭇 다르다. 그는 결코 『삼국연의』에 나오는 것처럼 병법兵法(병사를 지휘하여 전쟁하는 방법)을 통달한 군신軍神이 아니었다.

그가 북벌을 실패한 것도 이런 맥락에서 이해할 수 있다. 동오의 반격을 예상하지 못한 채 오만한 관우에게 형주를 맡긴 것은 그가 군사에 얼마나 무지했는지를 여실히 보여준다.

허점투성이 제갈량

당초 제갈량은 노숙과 끊임없이 교신하며 동오와 손을 잡고 조조의 위나라를 공략한다는 기본 전략을 성공적으로 추진했다. 그러나 얼마 후 손권의 배신으로 동맹은 깨졌다. 그는 유비가 익주로 들어간 후 손권이 계속 형주를 돌려달라고 독촉하는데도 불구하고 이를 만연히 대처했다. 형주를 거점으로 한 북벌전략을 세운 당사자로서 정치상황이 크게 변했는데도 불구하고 이에 따른 군사전략의 변화를 전혀 시도하지 않은 것이다. 이는 지혜의 화신으로서 생각할 수도 없는 일이다.

이 사건에 대해서는 여러 해석이 존재한다. 그중 하나는 제갈량이 의도적으로 손권의 손을 빌려 관우를 제거하려 했다는 것이다. 장비와 조자룡 대신 관우로 하여금 형주를 지키게 하고, 반년 가까이 관우가 양번을 공격할 때나 맥성에서 황급히 도주할 때 아무런 지원을 하지 않은 것을 보면 이것은 어느 정도 일리가 있는 말이다. 사실 관우가 양번을 공격할 때는 이미 동오와의 동맹이 와해된 것이나 다름없어 언제 동오의 군사가 형주를 기습할지 알 수 없는 상황이었다. 평생 신중하게 살아온 제갈량이 이를 간과해 그렇게 처사했을 리가 없다.

이런 점에 주목해 보면 제갈량과 관우 사이에 갈등이 있었다고 볼 수도 있다. 적벽대전 이후 큰 공을 세운 제갈량의 위상이 높아지자 관우가 이를 질투해 갈등이 빚어지게 되었다고 말이다. 실제로 명제국 말기의 명유 왕부지는 『독통감론』에서 이같이 지적한 바 있다.

"적벽대전에서 크게 승리해 제갈량이 대공을 세우자 관우는 제갈량을 크게 시기했다."

이런 추론이 맞는다면 제갈량이 손권의 손을 빌려 관우를 제거하는 차도살인지계借刀殺人之計를 구사한 셈이 된다. 그러나 이같이 해석할 경우 천하삼분지계를 건의하면서 형주를 거점으로 한 북벌론을 제시했던 제갈량은 사적인 원한으로 인해 촉한의 앞날에 치명상을 줄 수도 있는 일을 저지른 소인배가 되고 말 것이다. 아무래도 이런 해석은 무리가 있다. 그보다는 군사에 밝지 못해 실수를 저질렀던 것으로 해석하는 것이 사리에 부합한다.

『삼국연의』에서 묘사한 제갈량의 활약상 또한 대부분 과장된 것이다. 『삼국연의』는 당시의 상황을 장황하게 묘사해 놓았을 뿐만 아니라 제갈량을 주인공으로 내세우기까지 했다. 그러나 원래 적벽전투는 대전이라기보다는 약간 큰 전투였다고 보는 게 맞고 제갈량이 아닌 주유가 전투의 주인공이었다.

당시 제갈량이 한 일이라고는 강동에 사신으로 가서 손권의 결전의지를 보다 굳건하게 만든 일밖에 없다. 익주를 탈취하는 것도 계책의 수립부터 구체적인 일까지 모두 방통이 주도한 일이다. 제갈량은 유비가 낙성과 성도를 공격하여 탈취할 즈음 보조자의 역할을 했을 뿐이다. 계략을 써서 한중을 취한 것 역시 법정이 주도한 일이다. 제갈량은 다만 성도를 수비하면서 양식과 무기를 풍족히 공급하는 역할만을 맡았다.

진수는 그를 이같이 평해 놓았다.

"제갈량은 군사통솔 방면에 능력은 있었으나 기발한 모략이 부족했고, 백성을 다스리는 재능이 오히려 용병의 재능보다 우수했다. 변화에 적절히 대응할 줄 아는 장수로서의 지략은 그의 장기가 아니었다."

이를 통해 짐작할 수 있듯이 그는 원래 창조적인 역량이 필요한 정치 및 군사 분야보다는 위의 명을 받들어 이를 차질 없이 행하는 행정 분야에 더 밝았다.

최고의 공은 군사를 보필하는 것

제갈량은 여러 차례 전투에서 공세를 취했으나 별다른 성과를 거두지 못했다. 실제로 그는 「전출사표」에서 자신에게는 큰 재간이 없다는 사실을 인정한 바 있다.

그러나 군사통솔 방면에 뛰어나지 못했다는 것이 천하의 현상賢相인 제갈량을 깎아내리는 근거가 될 수는 없다. 일찍이 진시황에 이어 사상 두 번째로 천하를 통일한 유방은 논공행상論功行賞을 하는 자리에서 제갈량과 유사한 역할을 수행한 소하의 공을 가장 높이 평가한 바 있다. 유방이 함양으로 진공할 당시 소하는 홀로 먼저 진제국의 승상부로 가 도적圖籍(지도와 호적)을 수습해 보관했다. 유방이 항우와 싸우면서 천하의 요새가 어디 있고, 호구戶口의 다소多少와 병력의 강약이 어떠한지를 알게 된 배경이 여기에 있다. 뛰어난 전략가인 한신을 소개한 사람도 그였고, 식량의 운송과 병력조달을 적절히 하여 모자라거나 끊어진 적이 없도록 만든 것도 그였다.

『자치통감』에 따르면 기원전 200년 한고조 유방은 공신들에게 논공행상을 한 뒤 조령으로 원훈공신 18명의 순위를 정하고자 했다. 모든 사람이 이구동성으로 말했다.

"평양후 조참은 몸에 일흔 군데의 창상創傷을 입었고, 성을 공격하고 땅을 경략經略(침략하여 빼앗은 지방이나 나라를 경영함)하는 일에서 공이 가장 많습니다. 의당 그를 제1위로 삼아야 합니다."

이때 관내후 악천추가 이같이 진언했다.

"군신들의 의견은 모두 잘못되었습니다. 조참은 비록 들판에서 싸우고 땅을 경략한 공이 있기는 하나 이는 다만 한때의 일일 뿐입니다. 항우와 5년 동안 대치할 때 군사를 크게 잃어 폐하조차 도망하여 여러 번 몸을 숨긴 적이 있습니다. 그때마다 소하는 항상 관중關中에서 병사를 보내 부족한 병력을 보충해 주었습니다. 폐하의 군량이 수차례 부족하거나 끊기고, 군사 또한 남은 양식이 모두 떨어졌을 때 소하는 관중에서 육로와 해로로 군량을 운송하여 급식이 끊이지 않게 했습니다. 폐하가 비록 수차례 산동山東(효산 동쪽)의 땅을 잃었으나 소하는 늘 관중을 보전하며 폐하를 기다렸습니다. 이는 만세의 공입니다. 지금 설령 조참 같은 장령 100명이 없다 한들 한나라에 무슨 손실이 있겠습니까. 또한 한나라가 그들을 얻은들 반드시 한나라의 보존을 기대할 수도 없는 일입니다. 어찌 하루아침의 공을 세운 사람을 만세의 공을 세운 사람 위에 두려는 것입니까. 소하가 제1이고, 조참이 그 다음입니다."

유방이 탄복했다.

"훌륭한 말이오."

이내 소하에게 칼을 차고 신을 신은 채 전殿에 오르고 궐내에서 종종걸음으로 걷지 않아도 되는 특권을 내렸다. 당시 신하가 대전에 오를 때에는 어떤 무기도 몸에 지닐 수 없었다. 가죽신발 역시 군용이므로 전에 오를 때에는 신을 수가 없었다. 군왕 앞에서는 빠른 걸음으로 존경을 표시해야 했다. 유방이 소하에게 이를 면제해 준 것은 그의 공을 가장 높이 평가한 결과였다.

제갈량이 세운 공 역시 소하와 같았다. 그는 촉한의 건국에 최고의 공을 세웠다고 평가받을 만하다. 이는 그가 젊었을 때 학문을 닦는 데 남다른 노력을 기울이며 체계적인 내부경영의 중요성을 통찰한 사실과 무관하지 않았다. 유비와의 첫 대면에서 우선 정족지세鼎足之勢를 이룬 후 때를 기다려 중원을 도모하라고 권한 것이 그 증거이다.

"북방은 조조에게 양보하여 천시를 취하게 하고, 남방은 손권에게 양보하여 지리를 취하게 하고, 주군은 형주와 익주를 차지해 인화를 취하도록 하십시오."

이것이 그 유명한 천하삼분지계天下三分之計이다. 제갈량이 천하삼분지계를 건의한 것은 크게 세 가지 이유이다. 첫째, 유비가 가지고 있는 현재의 역량으로는 결코 천하통일을 이룰 수 없다. 둘째, 가장 시급한 것은 인화에 뛰어난 유비의 장기를 최대한 활용해 존립의 근거지를 확보하는 일이다. 셋째, 차분히 실력을 키우며 때를 기다리면 반드시 절호의 기회가 찾아올 것이니 천하통일의 기본목표를 잃어서는 안 된다고 주문한 것이다.

CEO의 삼국지

약점을 덮어버린
제갈량의 강점

제갈량은 완벽한 사람은 아니었다. 그러나 그를 열등한 인물로 보아서는 안 된다. 그에게 많은 허점들이 있었던 것은 사실이지만 역사에 훌륭한 인물로 기록되어 있는 것을 간과할 수는 없다. 허점을 덮어버린 제갈량의 강점은 무엇이 있었는지 살펴보자.

군사보다 행정에 밝았다

『삼국지』와 『자치통감』에 나타나는 제갈량은 매사에 신중을 기하며 소리 나지 않게 주군을 보좌하는 모습을 보인다.

제갈량의 이러한 면모를 잘 보여주는 대표적인 예로 천하삼분지계

원래 제갈량의 천하삼분지계는 괴철의 그것을 흉내 낸 것이라 할 수 있다. 사실 삼국시대 당시 천하삼분지계의 계책은 오직 제갈량 한 사람에 의해서만 제시된 것도 아니었다. 노숙과 방통 모두 유사한 논리를 제시한 바 있다. 그러나 천하삼분지계를 건의해 이를 관철시킨 사람은 제갈량부에 없었다.

를 들 수 있다. 원래 제갈량의 천하삼분지계는 괴철의 그것을 흉내 낸 것이라 할 수 있다. 사실 삼국시대 당시 천하삼분지계의 계책은 오직 제갈량 한 사람에 의해서만 제시된 것도 아니었다. 노숙과 방통 모두 유사한 논리를 제시한 바 있다. 그러나 천하삼분지계를 건의해 이를 관철시킨 사람은 제갈량밖에 없었다. 그의 체계적인 일처리가 돋보이는 대목이다.

제갈량이 군사보다 행정에 밝았다는 진수의 서술은 바꿔 해석하면 제갈량이 얼마나 체계적으로 촉나라를 이끌었는지를 방증한다. 「전출사표」에 나오는 다음 대목이 이를 강력하게 뒷받침하고 있다.

"궁중과 조정은 모두 한 몸이니 잘한 자는 상을 주고 잘못한 자는 벌을 주는 일에 차별이 있어서는 안 됩니다. 여기에 결코 사사로움이 개입되거나 안팎의 법도가 다르게 되어서는 안 될 것입니다. 곽유지와 비의, 동윤은 모두 선량하고 진실하며 뜻이 충직한 사람들입니다. 궁중의 일은 대소사를 막론하고 그들에게 문의한 후 행하면 반드시 크게 유익할 줄로 압니다. 장군 상총은 성품이 선량하고 공평한 데다 군사에 밝습니다. 영내의 일은 대소사를 막론하고 모두 그에게 문의하면 사람마다 능력에 따라 적소에 배치될 줄로 압니다. 정사의 손익을 짐작하여 극력으로 충언하는 것은 곧 곽유지와 비의, 동윤이 할 일입니다. 원컨대 폐하는 흉적을 토벌하고 한실을 부흥하는 일을 신에게 맡기기 바랍니다. 만일 성공하지 못하거든 신의 죄를 다스려 선제의 영전에 고하고, 폐하의 덕행을 드높이는 충언이 없으면 곽유지와 비의, 동윤의 허물을 꾸짖기 바랍니다. 폐하도 스스로 도모하여 착한 길에 대해 자문을 구하고 바른 말을 살펴 받아들여 선제의 유조遺詔(임금의 유언)를 성심껏 따르기 바랍니다."

출정에 앞서 곽유지와 비의, 동윤을 일일이 거론하며 그들의 장단점과 맡겨야 할 임무 등을 소상히 지적한 것은 그가 얼마나 치밀하면서도 체계적으로 정무에 임했는지를 잘 보여준다.

인격은 고상하며 생활은 청렴했다

당초 제갈량은 생전에 큰 뜻을 품고 유비의 한실부흥 홍보전에 뛰어들어 소기의 성과를 거두었다. 유비를 한고조 유방으로 만들고자 한 그는 스스로 장량과 소하, 한신으로 상징되는 '한초삼걸漢初三傑'이 되고자 노력했다. 그러나 결국 그는 이들의 재능에 미치지 못했다. 군사적 재능 면에서는 항우를 물리친 한신을 따를 길이 없었고, 지략에서도 장막 안에 앉아 천리 밖을 내다보는 천하의 꾀주머니인 장량을 따르지 못했다. 뿐만 아니라 그의 장기인 행정에서도 소하에 못 미쳤다. 소하는 늘 군량미가 끊어지지 않도록 적시에 보급했고 유방이 패할 때마다 병력을 제때 보충시켜 주며 힘을 북돋웠으나 제갈량은 이를 따라가지 못했다.

그럼에도 그가 후세인들의 호평을 받게 된 데에는 나름대로 이유가 있었다. 그것은 바로 고상한 인격 때문이었다. 임종을 앞둔 유비가 아들 유선을 불러 제갈량에게 절을 시킨 뒤 그의 말을 잘 좇을 것을 특별히 주문하는 등 후사를 신신당부한 것은 제갈량의 우직한 충성을 믿었기 때문일 것이다.

제갈량 역시 자신을 알아주는 주군의 성은에 감격했다. 그가 죽을 때까지 온몸을 던져 충성을 다했던 것도 이와 무관하지 않았다. 이는 제갈량보다 지략이 뛰어났던 위나라의 사마의가 찬탈의 길로 접어든 것과 대비되는 대목이다. 당시 사람들이 그에게 존경을 표하고, 촉한의 백성들의 민력을 극도로 피폐하게 만들고 있는 승산 없는 북벌에 큰 반대 없이 묵묵히 순종한 배경이 여기에 있다.

　여기에는 제갈량 자신의 청렴한 생활자세가 크게 작용했다. 그가 죽기 전 올린 표문을 보면 얼마나 청렴한 삶을 살았는지 쉽게 짐작할 수 있다.

　"성도에 있는 신의 집에는 뽕나무 8백 그루와 척박한 밭 15경(頃)이 있어 아이들 의식에 쓰고도 제법 여유가 있습니다. 신은 따로 수입원을 두어 재산을 늘리는 일을 결코 하지 않았습니다. 신이 죽는 날에 신의 집 안팎에 비단과 재산이 남아돌아 폐하를 져버리는 일이 없게 해주시기 바랍니다."

　제갈량 이후에도 뛰어난 재상들이 많이 등장했으나 그에 버금가는 인물을 찾기는 쉽지 않다. 그의 뒤를 이어 재상이 된 강유가 늘 제갈량을 기리며 청렴한 삶을 살기 위해 스스로 채찍질한 것은 제갈량의 청렴한 삶이 그에게 얼마나 깊은 영향을 미쳤는지를 보여주는 것이다. 여러 면에서 능력이 모자랐던 제갈량이 유비가 죽은 후 승상이 되어 촉한을 지켜내고, 후세인들에게 만고의 현상이라는 칭송을 듣게 된 배경이 여기에 있다.

실패에는 반드시 책임이 따른다

나관중은 『삼국연의』에서 제갈량을 극도로 미화해 놓았으나 역사적 사실로 분명히 드러난 가정전투의 실패마저 승리로 둔갑시킬 수는 없었다. 실제로 가정전투는 제갈량에게 뼈아픈 실책이기도 했다. 가정전투의 유적은 현재 감숙성 장랑현 동남쪽 일대에 남아 있다.

가정전투의 진실

가정전투와 관련한 『삼국연의』의 묘사는 몇 가지 점에서 역사적 사실과 동떨어져 있다. 당시 마속과 싸운 위나라 장수는 사마의가 아닌 장합이었다. 나관중은 만고의 군신으로 미화한 제갈량이 일개 무장에게 패한 사실을 인정하지 않으려는 의도로 이런 왜곡을 자행한 것으로 보인다. 가정전투를 제갈량과 사마의의 대결로 바꿔놓은 뒤 마속이 제갈량의 주문을 무시하고 제멋대로 행동하는 모습을 세밀히 묘사한 것도 같은 맥락에서 파악할 수 있다. 이는 말할 것도 없이 제갈량의 잘못은 하나도 없는데 마속이 제갈량의 지시를 어김으로써 사마의에게 당하게 되었다는 식으로 이야기를 끌어가기 위한 복선이다. 당시 마속은 장합에게 덜미를 잡힌 것이고, 제갈량 또한 장합에게 그 속셈을 간파당했던 것이다. 이는 제갈량의 장기인 탁상행정이 실패했음을 시사한다. 그렇다면 그 이유는 무엇일까. 읍참마속의 진상을 정확히 알아야 그 해답을 찾을 수 있다.

나관중은 해당 대목에서 마속의 목을 벨 수밖에 없었던 제갈량의 모습을 매우 비장하게 그려놓았다. 제갈량이 눈물을 흘리며 마속의 목을 베었다는 읍참마속泣斬馬謖이 나오게 된 배경이다. 그러나 이는 사서의 기록과 다르다. 『삼국지』「마량전」에 다음과 같은 구절이 나온다.

"마속은 옥에 갇혀 있던 중 물고物故했다. 제갈량이 그를 위해 눈물을 흘렸다."

읍참마속이 역사적 사실과 다를 수 있다는 가능성을 암시하는 대목이다. 『삼국지』「상랑전」의 다음 대목은 이런 의구심을 더욱 증폭시키고 있다.

"상랑은 평소 마속과 사이좋게 지냈다. 마속이 도망칠 때 상랑은 그 상황을 알았지만 그를 검거하지 않았다. 제갈량이 이를 한스럽게 생각해 상랑의 관직을 박탈하고 그를 성도로 돌아가게 했다."

상랑은 승상장사가 되어 제갈량을 좇아 한중으로 출전해 후방의 일을 보고 있던 인물이다. 그는 가정에서의 패배 후 마속이 도망쳐 왔을 때 이를 모르는 채 묵인했다가 관직을 박탈당했던 것이다. 두 기록을 종합해 보면 대략 마속은 죄를 두려워하여 상랑에게서 도망쳤다가 이내 붙잡혀 옥에 갇힌 뒤 무슨 이유인지는 모르겠으나 옥중에서 죽게 되었음을 알 수 있다.

그렇다면 마속이 죽은 진짜 이유는 무엇일까. 진수는 유고 有故와 유사한 뜻을 지닌 물고라는 애매한 표현을 써 사람들을 헷갈리게 만들어 놓았다. 『삼국지』 「제갈량전」에 이를 유추할 수 있는 대목이 나온다.

"제갈량이 서현의 민호 1천여 호를 이끌고 한중으로 들어왔다. 마속을 죽여 사람들에게 사죄했다."

이에 따르면 「상랑전」에 나오는 물고는 바로 참형을 뜻하는 것으로 새기는 것이 옳다. 그러나 이것이 마속을 죽이면서 눈물을 흘렸다는 읍참 泣斬을 뜻하는 것은 아니다. 읍참의 근거는 과연 어디에 있는 것일까.

「마량전」에 나오는 배송지의 주에 인용된 『양양기』의 기록은 읍참과는 사뭇 다른 분위기를 전하고 있다. 『양양기』의 기록이다.

"장완이 제갈량을 찾아와 말하기를 '천하가 평정되지 않았는데 재주 있는 선비를 죽이는 것이 어찌 애석한 일이 아니겠습니까'라고 하였다."

이는 당시 제갈량이 장완 등의 반대에도 불구하고 마속에 대한 참형을 강행하고자 했음을 시사한다. 읍참의 진실은 무엇일까. 사마광의 『자치통감』에 그 해답이 있다.

"제갈량이 마속을 하옥하여 죽였다. 이내 조상 弔喪을 가서 눈물을 흘리며 통곡했다."

이에 따르면 제갈량은 마속을 하옥시켜 참형에 처하게 한 뒤 문상을 가 눈물을 흘린 것이 된다. 읍참이 아니라 읍조泣弔가 역사적 사실에 가까운 셈이다. 물론 『양양기』와 『자치통감』에도 제갈량이 마속을 죽이기에 앞서 눈물을 흘린 대목이 나온다. 그러나 그것은 장완이 이의를 제기할 때 이를 반박하면서 장완 앞에서 흘린 것이다. 마속을 베라는 호령을 내릴 때 제갈량이 눈물을 흘렸다는 기록은 찾을 수가 없다. 이는 나관중이 읍조마속泣弔馬謖을 읍참마속으로 둔갑시켜 놓았을 가능성을 뒷받침한다. 가정전투 실패의 모든 책임을 마속에게 떠넘기기 위한 속셈이 드러나는 것이다.

실제로 읍참마속 대목에 비판적인 사람들은 패배에 대한 모든 책임을 제갈량이 져야 한다고 주장한다. 그러나 아직까지는 마속의 책임을 가장 무겁게 보는 '마속책임설'이 주류를 이루고 있다. 사실 마속은 부장 왕평의 계속된 간언에도 불구하고 '죽을 곳에 선 뒤에야 살 길이 생긴다'는 고식적인 배수진을 거론하며 산 위에 진을 쳐 참패를 자초했다. 진수도 같은 입장을 보이고 있다.

"마속은 제갈량의 지시를 어기고 옳지 않은 작전을 펼치다가 장합에게 크게 패했다."

확실히 마속은 병서를 통달했을지는 몰라도 임기응변의 이치를 깨닫지는 못했다. 읽은 책은 많았어도 실제 응용을 잘 못해 참패를 불렀으니, 차라리 병서를 읽지 않은 것만 못했다는 비난을 받을 만하다. 그러나 문제는 다시 그를 발탁한 제갈량에게 넘어간다.

그는 제1차 북벌의 총책임자이자 전군의 총사령관으로서 가정전투 패배에 따른 궁극적인 책임추궁에서 자유로울 수 없다. 마속의 책임이 일선 지휘관이 짊어져야 할 전술차원의 책임이라면 제갈량은 총사령관으로서 전략차원의 책임을 떠안는 것이 옳다. 지상담병紙上談兵(종이 위에서 병법을 말한다. 현실 경험 없이 이론만 앞세우는 사람을 비유하는 말)을 일삼은 마속을 택한 것은 제갈량의 경영방식이 커다란 오류를 범했음을 뜻한다. 비중으로 보면 제갈량의 책임이 더 무겁다고 할 수 있다.

실제로 가정전투 패배의 파장은 심대했다. 제갈량이 초반에 거둔 혁혁한 전과가 무효가 되었을 뿐 아니라 전세가 단숨에 역전되어 버렸기 때문이다. 퇴로가 차단될 위기에 처한 촉군은 협격을 피하기 위해서라도 급히 철수하는 일 이외에는 달리 방도가 없었다.

결국 가정전투를 만연히 대처해 자신의 북벌전을 실패로 끝나게 만든 제갈량은 모든 결과에 대한 총체적 책임을 면할 길이 없는 것이다.

CEO의 삼국지

체계경영으로
일류를 꿈꿔라

　제갈량은 비록 군사에는 약했지만 행정에서만큼은 뒤지지 않는 모습을 보여주었다. 때문에 그의 체계적인 행정능력은 높이 평가할 만하다. 그렇다면 체계경영이란 어떤 것인가.
　체계경영은 크게 체계철학과 체계분석, 체계운영 등 3가지 차원에서 접근하고 있다. 체계철학 차원에서 접근할 때 가장 중요한 것은 목표 설정이다. 이는 기업의 존재이유에 해당한다. 체계분석은 하부 체계의 모든 구성인자가 서로 어떻게 연결되어 있는지를 분석하는 것이다. 이는 일종의 분석적 접근에 해당한다. 체계운영은 인력과 정보, 에너지 등 기업의 경영자원을 가장 효과적으로 사용하는 것을 말한다. 경영자원의 효과적 사용은 기업의 유연성과 직결되어 있다. 유연성이 확보되지 않을 경우 아무리 정밀한 체계분석이 이루어질지라도 경영철학을 실현하기 어렵게 된다. 노사협력이 좋은 예이다. 이는 일종의 종합적 접근에 해당한다.

그러나 한국기업의 체계경영은 이것만으로는 부족하다. 한국의 역사·문화적 배경에 부응하는 변용이 필요하다. 문민정부 시절 김영삼 전 대통령은 한국병으로 통칭된 사회병리증후군을 치유하기 위해서는 의식을 개혁하고 모두 신나게 일할 수 있는 신바람을 불러 일으켜야 한다고 역설한 바 있다.

일군의 학자들이 이를 이론적으로 뒷받침하고 나섰는데 그중 서울공대 이면우 교수가 제창한 'W이론'이 단연 돋보였다. W이론의 명칭은 서구의 X, Y, Z이론을 염두에 둔 것이다.

실사구시 정신으로 신바람 나는 조직 만들기

이면우 교수는 자신의 저서 『W이론을 만들자』에서 한국형 기술, 한국형 산업문화, 한국형 발전전략을 통해 한국 실정에 맞는 독창적인 경영철학을 세워야 한다고 역설했다. 외국의 경영이론을 무분별하게 수용해 산업현장에 무리하게 적용함으로써 많은 비능률과 문제점이 발생하고 있는 만큼 이제는 한국에 맞는 경영철학과 이론을 만들어 내야 한다는 것이다.

그의 주장에 따르면 한민족 고유의 특성은 신바람에 있고, 그 정신적 기반은 선조들이 제창한 실사구시實事求是에 있었다. 정보혁명의 시대를 맞아 각계각층에서 밝은 미래와 포부를 제시할 수 있는 실사구시의 지도자들을 대거 배출해 신바람 나는 나라를 만들자는 지론이었다. 그는 2004년에 『왜 지금 다시 W이론인가』를 펴내면서 W이론의 확산 필요성을 거듭 역설했다.

체계경영을 도입하기 위해서는 모든 임직원의 변화와 혁신마인드가 전제되어야 한다. 기업의 구성원 역시 나부터 변화하고 혁신하겠다는 실천 의지를 가져야 한다. 체계경영은 W이론에서 강조하고 있듯이 반드시 실사구시에 입각한 실천에 무게를 두어야만 소기의 성과를 거둘 수 있다.

열정과 헌신을 이끌어내는 체계경영

동부의 이명환 부회장은 한국의 기업풍토에 부응하는 체계경영을 성공리에 도입한 대표적인 인물이다. 그는 원래 삼성출신으로 김준기 동부 회장이 그룹의 변신을 도모하기 위해 2001년 직접 팔을 걷어붙이고 영입한 인물이다. 삼성전자 종합기획실장 등의 경력을 높이 산 결과였다.

당초 그가 삼성그룹의 인사담당 상무로 일할 때 이병철 회장이 그를 불러 이런 주문을 했다.

"GE나 IBM 같은 미국의 초일류 회사들이 우리와 어떻게 다른지 보고 오시오."

한 달 이상 이들 기업의 전 세계 사업장을 샅샅이 둘러보고 온 그에게 이 회장이 성과를 묻자 그는 주저 없이 이렇게 답했다.

"초일류 기업들은 임직원을 가장 혹사하는 조직이었습니다. 그러나 종업원은 좀처럼 혹사당한다고 생각하지 않았습니다. 오히려 긍지와 자부심이 대단했습니다."

일류 기업일수록 직원들의 열정과 헌신을 잘 이끌어낸다는 답이었다. 그의 주장에 따르면 이를 가능하게 하는 비결은 바로 체계경영에 있었다.

동부에 합류한 뒤 그가 가장 먼저 한 일은 성과급 제도의 도입이었다. 그러나 주력인 건설업계의 전통이 아직 남아있던 동부의 기업문화와 적잖은 충돌이 있었다. 반년간 끈질기게 임직원들을 설득해 나가자 조직이 조금씩 변하기 시작했다. 그는 경영현황을 실시간으로 보여줌으로써 업무처리 속도를 높이고 IT 기반의 사내 인프라 구축에도 박차를 가했다. 그의 이런 노력에 힘입어 안정 위주의 보수적인 기업문화는 서서히 바뀌기 시작했다.

유감스럽게도 적잖은 경영인들은 체계경영을 무시한 채 인위적인 통제와 감시로 성과를 내려는 구태의연한 모습을 보이고 있다. 기업이 시너지 효과를 내지 못하는 것도 이와 무관하지 않다. 소니의 신화를 이룬 아키오 모리타 회장은 이렇게 역설한 바 있다

"경험이 많다는 것은 고정관념의 벽이 높다는 것을 의미한다."

GE 회장이었던 잭 웰치는 더욱 직설적으로 표현했다.

"아이디어의 질은 수많은 참여에서 나오는 것이지 계급장에서 나오는 것이 아니다. 더 많은 사람은 더 많은 아이디어를 의미하는 것이다."

전 사원이 경영자 입장에서 일을 해야만 시너지 효과를 거둘 수 있

고, 미래의 경영자도 자연스레 양성할 수 있다는 지적이다. 체계경영은 바로 평사원들이 전체의 흐름을 파악한 가운데 자신에게 맡겨진 업무를 기업목표와 연결시켜 효과적으로 수행하도록 도와주는 비책인 것이다.

C E O

7

夏候惇

삼국시대 당시 위나라에는 탁월한 문신도 많았지만 뛰어난 무장 또한 매우 많았다. 그중 한 명이 바로 하후돈이
그럼에도 불구하고 하후돈은 삼국지 마니아들에게 최고의 장수로 뽑히고 있다. 그 이유는 무엇일까. 이는 그의
다. 이를 뒷받침하는 「하후돈전」의 해당대목이다. "하후돈은 전쟁 중에도 친히 스승을 맞아들여 가르침을 받았
보였다. 「하후돈전」에 따르면 그는 매우 겸손해 대인관계도 좋았을 뿐만 아니라 공부하기를 무척 즐겼다. 유장의

삼 국 지

활약은 관우와 장비 등에 비하면 상대적으로 빈약하다. 심지어 박망파 전투에서는 제갈량에게 일방적으로 당하는 모습으로 묘사되어 있다. 견모를 높이 평가했기 때문이다. 실제로 정사 『삼국지』에는 무용을 떨치는 맹장猛將(용맹한 장수)보다 오히려 유장의 역할이 크게 부각되어 있 많은 것으로 보인다. 조조는 전장에 있을 때조차 책을 손에서 놓지 않은 수불석권手不釋卷으로 명성을 떨쳤다. 하후돈 역시 그와 유사한 모습을 수의 『삼국지』와 사마광의 『자치통감』 등을 읽은 삼국지 마니아들이 별다른 이의 없이 그를 위나라 최고의 장수로 꼽는 이유가 여기에 있다.

전장의 책벌레

하후돈

하후돈  夏候惇. ?~220

하후돈은 조조의 부친인 조숭의 조카로 조조와는 종형제였다. 그는 조조가 동탁토벌에 나설 때부터 죽을 때까지 곁에서 보필하며 뛰어난 충성심과 재능을 발휘해 조조로부터 두터운 신임을 받았다. 조조의 침실까지 출입할 수 있는 유일무이한 예외를 인정받은 것이 그 증거이다. 하후돈은 전쟁을 치르는 동안에도 군막 안으로 스승을 맞아들여 가르침을 받는 등 호학했다. 그는 삼국시대 당시 군막 안에서 스승을 맞아 가르침을 청하며 인간학을 연마한 유일한 인물이다. 그는 조조가 죽고 조비가 위왕의 자리에 오르면서 대장군에 제수되었으나 몇 달 후 조조의 뒤를 이어 숨을 거두고 말았다.

CEO의 삼국지

지식과 무용을
동시에 갖춘 장수

지식경영의 이론적 창시자인 피터 드러커^{Peter F. Drucker}는 생전에 기업가 정신이 가장 뛰어난 나라로 한국을 꼽은 바 있다. 그는 지식산업의 생산성이 한국기업의 핵심 경영과제가 될 것을 예견하면서 생산성 향상을 위한 지식경영의 토대를 더욱 확고히 다질 것을 조언하기도 했다. 실제로 우리나라에서는 정보사회로의 급변에 부응해 컴퓨터, 제조업, 교육 분야의 지식기술자들이 선도역할을 수행하고 있다. 지식근로자들이 21세기의 새로운 자본가로 등장하고 있는 셈이다.

일본의 피터 드러커로 불리는 노나카 이쿠지로^{野中郁次郎}도 『지력^{知力}』에서 지식의 창조원리와 역동적인 실행방안을 제시한 바 있다. 그는 기업 성원의 지적 능력과 이를 통해 창조되는 지력을 기업의 운명을 좌우하는 핵심요소로 파악하고 지식창조를 구조화하기 위한 실행방안으로 미들업다운$^{middle\text{-}updown}$ 경영방식을 제시했다. 이는 리더의 카리스마와 추진력을 담보로 한 전통적인 톱다운$^{top\text{-}down}$ 경영과 개인의 자발성과 창조성을 중시하는 보텀업$^{bottom\text{-}up}$ 경영을 결합한 것이다.

그가 지식의 창조와 활용, 축적 기능을 겸비한 유연한 조직이 필요하다고 강조한 것은 허리를 구성하고 있는 중간관리자를 적극 활용해야만 조직을 활성화할 수 있다고 판단한 결과였다. 관료제의 효율성과 팀제의 유연성을 결합한 것이 미들업다운 방식의 탄생 비결이라고 할 수 있다.

노나카의 지식창조 이론은 시간이 갈수록 더욱 빛을 발하고 있다. 미국 발 경제위기로 인해 대다수 기업들이 소극적 대응에 머물고 있는 상황에서 삼성과 LG를 비롯한 일부 기업이 임직원들의 인문학적 소양 교육을 강화하면서 공격경영에 나설 것을 독려하고 있는 것이 그 증거이다. 노나카는 효율만 추구하면 지속가능한 경쟁우위를 창출할 수 없다고 단언하면서 오히려 축소균형으로 인해 위기국면이 닥치면 그대로 무너질 가능성이 크다고 경고했다. 영미英美의 신자유주의가 맹종한 효율 위주의 사고에 대한 일대 경고가 아닐 수 없다. 다음은 그의 분석이다.

"계속되는 불황 속에서 기업들은 비용절감과 고용축소 등 효율을 앞세운 방어적인 분위기에 휩싸여 있다. 그러나 이처럼 효율만 추구할 경우 경기순환에 봄이 온다 할지라도 마음은 여전히 겨울의 추위에 떨어야 할 것이다. 과거의 성공방식이 더는 통하지 않는다는 점을 분명히 인식해야 한다. 이제 기업은 무엇보다도 창조를 우선하는 경영에 도전해야 한다. 그것도 지엽적인 수준을 넘어 혁신적인 창조성을 추구해야 한다."

한국 기업은 그간 '명령적이고 수직적인 리더십'을 기반으로 한 효율성을 추구해 압축성장을 이뤘다. 그러나 21세기의 시대적 흐름은 지식정보사회에 기초한 창조사회로 진행하고 있다. 창조사회의 기반이 지식정보사회에 있는 셈이다.

삼국시대 당시에도 지식경영의 모범을 보인 인물이 있다. 바로 위나라 장수 하후돈이다.

전장에서도 배움을 게을리하지 않다

삼국시대 당시 위나라에는 탁월한 문신도 많았지만 뛰어난 무장 또한 매우 많았다. 진수는 『삼국지』「위서」를 지으면서 촉한의 5호대장에 준하는 열전을 만들었다. 바로 「장악우장서전張樂于張徐傳」이다. 주인공은 장료와 악진, 우금, 장합, 서황이다. 그러나 사실 장료를 제외한 나머지 장수들은 관우와 장비 등 촉한의 5호대장에 버금할 만한 장수로 꼽기에 무리가 있다. 그러나 위나라에는 이들보다 더 위대한 장수가 있었다. 최고의 인기를 구사하고 있는 하후돈이 그 주인공이다.

하후돈의 장수로서의 활약은 관우와 장비 등에 비하면 상대적으로 빈약하다. 심지어 박망파 전투에서는 제갈량에게 일방적으로 당하는 모습으로 묘사되어 있다. 그럼에도 불구하고 하후돈은 삼국지 마니아들에게 최고의 장수로 뽑히고 있다. 그 이유는 무엇일까. 이는 그의 유장儒將(선비인 장수)의 면모를 높이 평가했기 때문이다. 실제로 정사『삼

"하후돈은 전쟁 중에도 친히 스승을 맞아들여 가르침을 받았다."
「하후돈전」에 따르면 그는 매우 겸손해 대인관계도 좋았을 뿐만 아니라 공부하기를 무척 즐겼다.
유장의 전형이 아닐 수 없다.

국지』에는 무용을 떨치는 맹장猛將(용맹한 장수)보다 오히려 유장의 역할이 크게 부각되어 있다. 이를 뒷받침하는「하후돈전」의 해당대목이다.

"하후돈은 전쟁 중에도 친히 스승을 맞아들여 가르침을 받았다."

이는 조조의 영향을 받은 것으로 보인다. 조조는 전장에 있을 때조차 책을 손에서 놓지 않은 수불석권手不釋卷의 자세로 명성을 떨쳤다. 하후돈 역시 그와 유사한 모습을 보였다.「하후돈전」에 따르면 그는 매우 겸손해 대인관계도 좋았을 뿐만 아니라 공부하기를 무척 즐겼다. 유장의 전형이 아닐 수 없다. 진수의『삼국지』와 사마광의『자치통감』등을 읽은 삼국지 마니아들이 별다른 이의 없이 그를 위나라 최고의 장수로 꼽는 이유가 여기에 있다.

절륜한 무예의 흔적, 애꾸눈 맹하후

사실 책에 빠진 장수 하후돈은 무용에서도 출중한 모습을 보였다. 여포와의 싸움에서 절륜한 무예를 선보인 것처럼 역사적 사실은 그의 무용 솜씨를 증언하고 있다. 다만 그때 왼쪽 눈을 잃는 불상사를 당하고 만다. 조조는 이후 하후돈의 남은 오른쪽 눈을 간수해야 한다며 그를 절대 선봉에 세우지 않았다고 한다.『삼국연의』를 읽은 사람들이 위나라 장수 중 유독 그를 가장 잘 기억하는 것은 당시 그가 유일한 애꾸눈이었던 사실과 관련이 있다.

하후돈의 실명失明은 조조가 서주에서 돌아올 때 여포를 치는 과정에서 빚어졌다. 나관중은 이를 매우 극적으로 묘사해 놓았는데『삼국연의』에 따른 당시의 상황은 이러했다. 하후돈은 여포 토벌을 위해 교전을 치르던 중 적장 조성이 쏜 화살을 공교롭게도 왼쪽 눈에 맞고 만다. 비명을 지르며 급히 화살을 뽑자 눈알까지 함께 빠져나오게 되고 하후돈은 이를 보고는 껄껄 웃으며 이렇게 말했다고 한다.

"부정모혈父精母血(아버지의 정기와 어머니의 피)을 내 어찌 버릴 것인가."

그리고는 곧 뽑혀 나온 눈알을 입에 넣고 삼켰다. 이는 물론 허구이다. 뽑혀 나온 눈알을 씹어 먹는 야만적인 모습은 스승을 맞아들여 가르침을 받는 하후돈의 본래의 모습과 크게 동떨어져 있다.

배송지 주에 인용된 『위략』에 따르면 당시 군중에서는 그를 두고 애꾸눈 하후돈이라는 뜻의 맹하후盲夏侯로 불러 하후연과 구별했다고 한다. 『위략』에는 그가 맹하후로 불리는 것을 싫어한 나머지 거울 속에 비친 자신의 얼굴을 보다가 화를 내며 거울을 바닥에 내동댕이쳤다는 일화도 곁들여져 있다.

CEO 의 삼 국 지

지식경영의 본을 보인
탁월한 유장

하후돈이 지닌 형식에 얽매이지 않는 소탈함과 사치를 거부하는 청렴함은 현대의 우리들에게 충분한 귀감이 될 정도로 훌륭한 모습이다. 전장에서도 책읽기를 게을리하지 않은 모습은 더 말할 필요가 없을 정도이다. 다음의 일화를 통해 그를 더 자세히 알아보자.

선비의 인격을 지닌 너그러운 장수

「하후돈전」에는 그가 목민관으로 있을 때의 일화가 실려 있다. 한번은 그가 다스리는 고을에 큰 가뭄과 메뚜기 피해가 발생했다. 그러자 그는 손수 인근의 물을 끊어 저수지를 만들었다. 당시 몸소 흙을 지고 장사㈏들을 인솔해 모내기를 권하는 하후돈의 모습을 본 백성들은 감복을 금치 못했을 것이다. 그야말로 인간미 넘치는 선비의 모습을 보인 것이다.

그가 주둔지에서 둔전㈏㈏(군대의 군량 마련을 위해 설치한 토지)을 성공적으로 시행한 것도 이런 맥락에서 이해할 수 있다. 둔전은 위나라만 시행한 것은 아니었지만 이를 성공적으로 시행한 나라는 위나라밖에 없었다. 둔전의 성공으로 위나라는 막강한 군세를 유지할 수 있었다. 이는 위나라의 대표적인 성공사례에 속한다. 팔을 걷어붙이고 병사들과 함께 일하는 탈권위적인 행보가 둔전을 성공적으로 이끈 비결이었다. 진수의 평이 이를 뒷받침한다.

"하후돈은 성정이 청렴하고 검소해 남는 재물이 있으면 주변 사람에게 베풀었다. 부족한 것이 있으면 관청에서 도움을 받은 까닭에 재산관리를 일로 삼지 않았다."

하후돈은 재물을 모으는 일을 전혀 하지 않았다. 또한 그는 언제나 솔선수범하여 스스로 나서서 흙을 운반하고 하천을 막고 둑을 쌓았다. 부하 장수들에게는 직접 모를 심게 했다. 이러한 노력으로 전란 중에도 그가 다스리는 지역의 백성들은 기아에서 벗어날 수 있었다.

당시 조조는 하후돈에게 자신의 영지 내에서는 법에 구애받지 않고 독자적인 판단에 따라 다스리도록 하는 권한을 내렸다. 하후돈에 대한 신뢰를 여실히 보여주는 대목이다. 하후돈이 조조 진영의 제2인자로 활약할 수 있었던 것은 탁월한 유장의 면모를 활용하여 사실상 조조의 분신 역할을 수행한 데서 비롯되었다고 보는 것이 옳다.

군주의 신임을 한몸에 받았던 유능한 신하

당시 전장에서조차 손에서 책을 놓지 않았던 조조는 군려 안에서 스승을 맞아들여 가르침을 받는 하후돈의 모습에 크게 감동했던 것으로 보인다. 하후돈은 무용도 뛰어났지만 문신들 못지않게 호학好學하는 모습을 보였다. 무신보다 문신에 가까웠던 조조가 그를 극히 총애한 것도 이와 무관하지 않다.

『삼국지』는 하후돈이 건안 21년(216)에 26군의 도독이 되었다고 기록한다. 당시 기준으로 가장 넓은 지역을 다스리는 대도독이 된 것이다. 조조는 그에게 각종 악기와 기생을 포상하면서 이렇게 말했다.

"춘추시대에 진나라 대장 위강魏絳(융족과의 화해를 주선한 명장)도 금석으로 만든 악기를 상으로 받았다. 하물며 장군이야 더 말할 게 있겠는가."

건안 24년(219)에 조조는 여포군을 격파하고 군영을 차린 뒤 늘 그와 함께 수레를 타고 다니며 그를 특별히 총애했다. 하후돈은 조조가 무기를 지닌 채 자신의 침실에 출입하도록 허용한 유일한 신하였다. 배송지 주에 인용된 『위서』에는 조조가 왜 유독 그에게 이런 특별한 예외를 인정했는지를 짐작하게 해주는 일화가 실려 있다.

조조가 위왕이 되었을 때 모든 장수들이 위나라의 관호를 받았으나 유독 하후돈만 한제국의 관호를 받았다. 이는 조조를 임금으로 모시지 않아도 된다는 취지에서 나온 것이었다. 당시 조조의 깊은 뜻을 헤아리지 못한 하후돈이 상소를 올려 그 부당함을 따지자 조조는 이같이 답했다.

"내가 듣건대 '신하 중 최상은 사신師臣, 그 다음은 우신友臣이다'라고 했다. 무릇 신하란 덕을 귀하게 여기는 사람이다. 어찌 구구하게 위나라의 신하가 되어 군주에게 몸을 굽힐 수 있겠는가."

그러나 하후돈은 자신을 사신으로 대우하려는 조조의 배려를 액면 그대로 받아들일 수 없었다. 이를 강력히 주장하자 조조는 할 수 없이 그를 전장군前將軍에 임명했다. 문신과 무신을 통틀어 삼국시대에 활약한 인물 중 주군으로부터 사신의 평을 들은 사람은 그가 유일했다.

하후돈은 자신의 질제인 하후연과 여러모로 대비된다. 하후연은 한중을 지키며 익주를 노리던 중 건안 24년(219)에 유비군의 야습을 받고 전사하기는 했으나 위나라의 뛰어난 명장이었다. 당초 조조는 하후연이 전쟁에서 여러 번 승리했음에도 항상 그에게 주의를 주며 이같이 말하곤 했다.

"장수는 응당 두려워하며 약한 모습을 보여줄 때도 있어야 하니 오로지 용맹에만 의지해서는 안 된다. 장수는 당연히 용맹을 근본으로 삼으나 행동할 때만큼은 지략을 써야 한다. 오로지 용맹에 의지할 줄만 알면 일개 필부의 적수에 불과할 뿐이다."

조조는 하후연이 자신의 용력만을 믿고 주의를 게을리하다가 화를 입을까 우려했던 것이다. 이는 하후돈과 크게 대비되는 모습이다. 난세일수록 하후돈과 같은 문무겸전의 지식경영 리더십이 더욱 절실하다는 사실을 잘 보여준다.

CEO의 삼국지

지식을 무기로
경영전쟁에서 승리하라

21세기는 지식경영에 대한 관심이 더욱 높아지는 시대이다. 이는 선진국과 후진국의 지식기반 격차가 점점 더 커지고, 지식경영에 대한 관심이 기업뿐만 아니라 일반인들 사이에서도 증가하고 있는 것에 따른 것이다.

기업이 지식경영을 도입하려는 목적을 살펴보면 대부분 경영자의 강력한 요청에 의한 것이 많다. 지식경영이 그만큼 매력적이라는 얘기이다. 문제는 기업의 문화를 지식경영 문화로 바꾸는 변화관리가 제대로 이루어지지 않는 것에 있다. 가장 큰 원인은 단기간 내에 성과를 거두려는 것이다. 지식경영 업무를 기획실이나 IT팀 혹은 인재개발부서의 한 파트로 간주해 추진하는 것도 걸림돌이다. 변혁에 대한 인식과 그에 따른 지식체계에 대한 관리가 제대로 이루어지지 않을 경우 지식경영은 하나의 슬로건에 불과하게 된다.

다른 경영전략도 마찬가지지만 지식경영은 최고경영자의 실천의지가 특히 중요하다. 입으로만 외치는 혁신은 아무 소용이 없다. 임직원들은 덩달아 혁신을 외칠 수는 있지만 무엇을 변혁해야 하는지는 제대로 알지 못하기 때문이다. 확고한 목표설정과 변혁의 기준이 세워지지 않은 탓이다. 이런 상황에서는 아무리 성공기업의 모델을 도입할지라도 성공할 수 없다. 구성원 전체의 노력이 뒤따르지 않기 때문이다.

지식경영은 조직체가 보유한 모든 가용자원을 총동원해 업무의 효율성을 높이고, 신제품 개발 및 시장 대응력을 높여 기업의 부가가치를 재고하는 것이 목적이다. 오랫동안 호학의 문화적 배경을 지니고 있는 우리나라는 지식경영의 메카로 부상할 수 있는 잠재력을 지니고 있다.

지식경영을 하려면 기본적으로 경영자가 개인과 조직의 지식을 구체화하기 위해 각고의 노력을 기울여야만 한다. 동시에 사내에 축적된 지식에 임직원 모두가 개별적으로 쉽게 접근할 수 있는지를 고민하고 구체적인 방안을 제시해야 한다. 그래야만 임직원이 조직의 지식을 활용할 수 있고, 이 과정에서 또 다른 지식이 창출될 수 있다. 지식경영이 창조경영의 밑거름이 되는 선순환의 과정이 자연스럽게 형성되는 배경이 여기에 있다.

현재 적잖은 기업들이 전문화된 지식창고지기와 창고관리자를 두고 있다. 이는 마치 각 대학이 연구소 부설 도서관을 세운 뒤 관장과 사서를 두고 지식을 체계화하는 것과 같다. 효과적인 분류작업, 가치 있는 정보의 지속적 공급, 지식창고의 청결도 유지 등이 연구소 부설 도서관의 기본 역할이다. 하후돈이 전투를 치르는 와중에 군막 안으로 학자들을 불러들여 끊임없이 가르침을 받으며 자신을 스스로 담금질한 것처럼 기업 내에서 지식창고를 가까이 하는 것은 현대의 우리가 필히 배워야할 모습 중의 하나이다.

지식을 재활용하다

1914년에 창립된 IBM은 오랫동안 해고가 전혀 없는 평생직장의 대명사로 불렸으나 1990년대에 접어들면서 큰 위기에 봉착하게 되었다. 이는 후발주자의 속도경영을 간과한 후과였다. 중앙처리장치^{CPU} 부문은 인텔, 본체는 컴팩과 델, 소프트웨어는 마이크로소프트가 시장을 선도하는 상황에서 IBM은 해마다 천문학적인 적자를 감수해야만 했다. 결국 IBM은 거대한 누적적자를 피하기 위해 대대적인 인원감축을 단행했다. 때문에 40만 명에 달했던 임직원이 절반으로 줄었다.

문제는 그 다음이었다. 다운사이징 이후 생산성 향상이 심각한 문제로 대두되었다. 인원감축 과정에서 감축대상 인원이 갖고 있던 지식과 업무노하우, 고객과의 관계 등이 한순간에 사라진 것이다. 뒤늦게 개인의 지식과 노하우 등이 조직에 흡수되어야만 생산성을 재고시킬 수 있다는 사실을 깨달은 IBM은 곧 전담팀을 만들어 지식경영의 개념을 명확히 했다.

요체는 지식의 활용이었다. 지식의 창조 이전에 먼저 기존의 지식을 활용하고자 한 것이다. 이에 사무실은 칸막이가 사라지고 창문이 달린 열린 공간으로 바뀌는 등 큰 변화가 있었다.

주목할 점은 이때 IBM은 전문가집단 개념을 통해 자율적으로 조직 내의 지식을 축적하는 제도를 정착시켰다는 점이다. 이들 전문가집단은 전자메일 등을 통해 수시로 정보를 교환하면서 정리된 정보를 인트라넷을 통해 전사적으로 공유하게 했다. 이런 과정을 통해 축적된 지적 자산의 DB에는 고객에 대한 지식, 팀에 대한 교훈, 부서별 업무지식의 체계화 방법 등 다양한 정보가 담겨 있다.

　이 과정에서 IBM은 회사의 지적자산 축적에 기여한 직원에게 특별 보너스를 주는 등의 성과측정 제도를 도입했다. 때문에 임원회의도 발표와 질문 중심에서 토론 중심으로 바뀌었다. 이것이 IBM의 상징으로 원탁이 등장한 배경이다.

개인의 지식을 세계와 연계하다

　MS도 지식경영에 성공한 대표적인 성공사례로 꼽힌다. 그 상징이 바로 1천여 명으로 구성된 IT그룹이다. 이들의 궁극적인 목표는 인재 육성이다.

　지난 1995년에 도입한 기술계획 및 개발^{SPUD} 프로젝트 역시 MS 지식경영의 기본취지를 잘 보여주고 있다. 이 프로젝트의 핵심은 지식의 축적과 전파에 있다. 이로써 MS의 직원들은 '개인의 지식을 세계와 연계하라'라는 구호 아래 자신의 지식역량을 온라인에 안착시키게 되었다. 제2, 제3의 빌 게이츠를 스스로 주조해 내는 방안이었다.

임직원의 지식역량을 단계적으로 강화하다

한국에서 지식경영을 통해 눈부신 성공을 거둔 사례로는 이랜드를 들 수 있다. 1980년대에 2평짜리 작은 옷가게에서 시작한 이랜드는 2009년 현재 전국 2천여 개 패션유통 매장을 가진 중견기업으로 성장했다.

성공의 비결은 임직원의 지식역량 강화를 통한 새로운 가치의 창출에 있었다. 이랜드는 임직원의 지식역량을 강화시키기 위해 필요한 지식수준을 단계별로 작성한 뒤 현재의 지식수준과의 간격을 급속히 좁혀나갔다. 이랜드의 성공 일화는 하후돈의 지식경영 취지를 통찰한 결과로 해석할 수 있다.

하후돈이 전장에서 한쪽 눈까지 잃어가며 열심히 싸웠던 장수로만 기록됐다면 그에 대한 현대인의 호감이 지금과 같지는 않았을 것이다. 그의 전장에서의 활약상이 부각되는 이유는 이제 막 전투를 끝내고 군막으로 돌아와 갑옷과 칼을 그대로 찬 채 책 읽기에 빠져버리는 의외의 모습, 즉 지식을 갈구하는 경영자의 모습 때문이 아니었을까.

C E O

8

周瑜

주유는 주화파 설득을 위한 논리를 개발한 후 문무관원들 앞에서 이렇게 말했다. "지금 북방이 평정이 안 돼 마초자 하니 이것이 두 번째 두통거리입니다. 지금은 추운 겨울로 말먹일 풀조차 없으니 이것이 세 번째 두통거리입니다. 인데도 조조는 위험을 무릅쓰고 전투를 실행하고 있습니다. 장군이 조조를 잡을 수 있는 때가 바로 지금입니다." 라를 폐하고 스스로 자립한 지 이미 오래되었다. 그는 단지 원씨 형제와 여포, 유표 그리고 나를 꺼렸을 뿐이다.

삼　　국　　지

있으니 이는 조조의 첫 번째 두통거리입니다. 북방의 군사들이 수전에 익숙지 못한데도 조조가 기병을 버리고 수군에 의지해 오월인과 다투고
리 강호(江湖)에까지 와 수토(水土)가 맞지 않아 반드시 병이 날 것이니 이것이 네 번째 두통거리입니다. 이들 사항은 모두 용병에서 가장 꺼리는 것
]롯한 주화파도 입을 다물 수밖에 없었다. 주유의 강고한 의지를 확인한 손권이 크게 기뻐하며 자리에서 벌떡 일어났다. "그 늙은 도적이 한나
그에 의해 멸망했고 오직 나만 남아 있다. 나와 늙은 도적은 사세 상 양립할 수 없다." 주유가 패재를 부르며 조속한 결단을 부추겼다.

유능한 설득가

주유

 ## 주유 周瑜 , 175~210

『삼국연의』는 적벽전투를 주유와 제갈량의 '현우^{賢愚}' 대결로 묘사하면서 승리의 공을 제갈량에게 돌려놓았으나, 사실 승리의 장본인은 주유이다. 주유는 당대의 현자였다. 이는 1년여에 걸친 강릉전투에서 승리한 후 손권에게 올린 천하통일의 방략을 담은 '천하이분지계'의 표문을 보면 확실히 알 수 있다. 익주와 형주에서 동시에 북벌군을 출정시키는 제갈량의 '천하삼분지계' 복안과 달리, 천하이분지계는 익주는 수비하고 형주에서만 출정하는 것을 골자로 한다. 그러나 마초와 동맹을 역설한 점을 감안할 때 마초를 이용해 서쪽에서도 동시에 출정하는 방안을 완전히 배제한 것은 아니었다. 이 경우 천하삼분지계와 내용상 다를 것이 없게 된다. 애석하게도 주유는 익주를 장악하기 위해 파구를 지나던 중 병사하고 말았다.

천하의 우인인가
당대의 현자인가

기원전 3세기 순자는 끊임없는 배움을 통해 많은 지식과 정보를 축적한 뒤 이를 적극 활용해 나갈 것을 권했다. 『순자』「유효」편의 해당 대목이다.

"내가 천하면서 귀해지려 하고, 어리석으면서 지혜로워지려 하고, 가난하면서 부유해지려 할 경우 과연 이런 일이 가능한 것일까. 이르기를, '오직 학문을 통해서만 가능하다'고 했다. 배운 것을 행하면 '사^{士}', 그것에 근면히 애쓰면 '군자^{君子}', 그 이치를 알아 통달하면 '성인^{聖人}'이 된다."

그동안 한국의 기업경영은 배운 것을 곧이곧대로 행하거나 이를 확장해 적용하는 사군자^{士君子}의 단계에 머물러 있었다. 그러나 21세기는 사군자의 단계를 넘어 사물의 이치를 통찰한 성인의 단계로 들어가야 한다. 순자가 말한 성인은 종교적 성인이 아니라 사물의 이치에 통달한 사람을 말한다.

성聖이라는 글자는 커다란 귀를 뜻하는 이耳와 입을 뜻하는 구口, 서 있는 사람의 모습을 형상한 임壬으로 구성돼 있다. 귀를 크게 열어 사람의 말을 경청하고, 사물의 이치를 통찰한 언변으로 사람을 설득하는 것을 표현한 것이다. 성인은 곧 많은 지식정보를 토대로 뛰어난 문제해결 능력을 보이는 무소불통無所不通의 사람을 뜻한다. 『설문해자』가 '성聖은 통通이다'라고 해석해 놓은 것은 바로 이 때문이다.

순자가 역설한 성인은 올바른 지식과 정보를 토대로 창조경영을 행하는 자를 가리키는 것이다. 21세기의 창조경영은 지식경영을 토대로 하여 고객의 요구를 수용하는 고객만족경영 내지 새로운 고객을 창출하는 고객감동경영으로 나아가야 한다는 것을 시사하고 있다. 사실 이렇게 하는 것만이 21세기의 경제전쟁에서 살아남아 초일류 글로벌기업으로 나아갈 수 있는 유일한 길이기도 하다.

주유에 대한 재조명이 필요한 때

삼국시대 당시 주유는 지식과 정보를 앞세운 창조경영을 구체적으로 실천한 대표적인 인물이다. 그러나 『삼국연의』에 밝은 사람은 의아하게 생각할 수 있을 것이다. 『삼국연의』의 주유는 한심하기 그지없는 인물로 묘사되어 있기 때문이다. 그러나 이는 제갈량을 미화하기 위한 것으로 역사적 사실과 동떨어져 있다.

실제로 『삼국연의』는 제갈량을 미화하기 위해 그의 주변 인물을 대개 악인惡人 또는 우인愚人으로 그려 놓았다. 조조가 악인으로 왜곡된 대표적인 인물이다. 제갈량과 무모하게 지혜를 다투다가 번번이 패하는 것으로 그려진 주유는 우인으로 왜곡된 대표적인 사례이다.

그러나 주유는 우인으로 폄하하기에는 매우 뛰어난 기량을 지닌 인물이었다. 그래서인지 지난 2009년 홍콩의 우유선吳宇森 감독이 아시아 최대의 제작비인 800억 원을 들여 만든 영화 「적벽대전」에서는 주유를 주인공으로 삼기도 했다. 감독은 현대의 우리에게 주유에 대한 재조명의 필요성을 주문한 셈이다.

창조경영의 선례를 만든 현명한 선택

앞에서 살펴봤듯 『삼국연의』는 주유를 어리석은 자로 그려 놓았다. 이는 분명 왜곡된 것이다. 주유를 우인으로 폄하할 수 없는 결정적인 증거들이 있다. 이는 어리석은 자의 우연한 선택이 운 좋게도 현명한 것이었다고 치부하기에는 한계가 있어 보인다. 주유의 현명한 선택들을 자세히 들여다보자.

목숨을 바칠 군주를 고르다

당초 주유는 원술 휘하에 있었다. 원술은 주유를 거소 현장縣長, 노숙을 동성 현장에 임명했다. 그러나 주유와 노숙은 원술이 결국 대업을 이루지 못할 것을 알고서 모두 관직을 버리고 휘하의 군사 1백여 명을 이끌고 장강을 건너 손책을 찾아갔다. 당시 손책이 부친 손견의 사망 후 강도江都(강소성 중부) 일대에 머물며 호걸들과 사귀고 있다는 얘기를 들었기 때문이다. 이는 마치 순욱이 인재를 널리 구한다는 조조에 관한 소문을 듣고 원소의 곁을 떠나 조조에게 간 것에 비유할 만했다. 난세에는 군주도 신하를 잘 만나야 하지만 신하 역시 군주를 잘 만나야 한다는 것을 몸소 실천한 셈이다.

주유의 인물됨을 단박에 알아본 손책의 지감知鑑도 높이 평가할 만하다. 실제로 주유가 동오의 영웅으로 등장하게 된 것은 손책의 지감에 따른 것이었다. 당시 주유가 원술의 장군제수 제의까지 뿌리치고 손책에게 가자 그는 친히 마중하며 전례 없는 후대를 했다. 손책의 다음과 같이 언급이 이를 뒷받침한다.

"주유는 나와 죽마고우이고 형제 같은 사이이다. 내가 단양에 있을 때 그가 병사와 배, 군량까지 지원해 주어 위기를 넘길 수 있었다. 이 정도의 예우로는 그 공로에 보답할 수조차 없다."

이는 당시 주유가 손책이 큰 인물이 될 것임을 알고 그에게 자신의 모든 것을 내던지며 과감히 투자한 것을 높이 평가한 데 따른 것이었다. 주유와 손책이 유비와 제갈량처럼 수어지교를 맺은 이유가 여기에 있다.

주유는 주군인 손책이 요절하자 이내 손권을 새 주군으로 모시면서 견마지로犬馬之勞(개나 말 정도의 하찮은 힘. 윗사람에 대한 자신의 충성심을 낮추어 이르는 말)를 다했다. 동오가 강동에 자리 잡는 과정에서 그가 세운 일련의 공이 결정적인 배경으로 작용했다.

일찍이 조조는 원소를 무너뜨린 후 손권에게 글을 보내 아들을 조정으로 들여보내 천자를 모시게 하라고 명한 적이 있었다. 손권의 아들을 인질로 잡고자 한 것이다. 손권이 장상들을 불러 상의했으나 머뭇거리는 바람에 결론을 내리지 못했다. 이에 주유를 불러 이 문제를 상의하자 그는 신속한 결단을 촉구했다.

"인질을 보낸들 겨우 열후의 인장을 받는 데 불과할 뿐입니다. 어찌 남면南面하여 왕을 칭하는 것과 비교할 수 있겠습니까. 차라리 차분히 시국의 변화를 관찰하느니만 못합니다. 조조가 능히 도의를 좇아 천하를 바르게 다스리면 그때 가서 장군이 다시 그를 모시더라도 늦지 않습니다."

손권은 이를 좇았다. 주유는 손권에게 여러 신하 중 가장 믿을 만한 신하였고, 손권은 주유에게 손책의 뒤를 이어 견마지로의 충성을 바칠 만한 군주였다.

정확한 판단력과 폭넓은 정보수집

『삼국연의』의 적벽전투 대목만큼 제갈량을 신출귀몰한 군신으로 미화해 놓은 대목도 없다. 그러나 제갈량의 신기에 가까운 재주는 대부분 허구이며 당시 제갈량이 한 일은 노숙 및 주유와 함께 손권의 결전의지를 강화시킨 것밖에 없었다. 물론 이를 가볍게 볼 수는 없을 것이다. 그의 탁월한 외교전술이 아니었다면 적벽전투는 아예 일어나지 않았을지도 모르기 때문이다.

오랫동안 적벽전투의 진정한 주인공을 두고 여러 견해가 대립해 왔다. 크게 '제갈량설'과 '노숙설', '주유설'로 나눌 수 있다. 제갈량설은 제갈량의 외교술에 높은 점수를 주는 견해이고, 노숙설은 노숙이 애초부터 장소가 주장한 주화론主和論에 과감히 맞서 주전론主戰論을 전개한 점을 높이 평가한 견해이고, 주유설은 주유가 전투 현장에서 군사들을 지휘하며 승리를 이끌어낸 점에 주목한 견해이다. 역사적 사실에 비춰 볼 때 제갈량설은 설득력이 무척 약하다.

우유선 감독이 제작한 「적벽대전」이 강조하고 있듯이 적벽전투의 주인공은 분명 주유였다. 조조가 파견한 장간을 농락하고, 황개와 함께 고육지책을 구사한 것 등이 그 증거이다. 아무리 작전이 좋고 병사들의 사기가 충천할지라도 지휘관이 시원치 못하면 그 전투는 결국 패하게 마련이다. 당시 주유는 자신의 능력을 유감없이 발휘했다. 「적벽대전」은 비록 사실史實과 허구를 버무린 것이기는 하나 적벽전투의 진정한 주인공과 관련한 논란에 종지부를 찍은 것이나 다름없다.

물론 적벽전투의 승리의 공을 모두 주유의 것으로 돌릴 수는 없다. 주유의 주전론을 적극 수용한 손권의 결단도 평가받을 만하다. 실제로 손권이 장소 등 세족들의 건의를 받아들여 조조에게 항복했다면 동오는 위나라의 일개 지방정권으로 전락했다가 이내 사라지고 말았을 것이다. 주유와 손권이 만들어낸 이심전심의 합작품으로 평가하는 것이 타당할 것이다.

원래 적벽전투는 객관적으로 볼 때 삼국시대를 상징하는 최고의 '대전'으로 칭할 수 없다. 그러나 동오의 운명을 좌우하는 전투였다는 점에서 보면 손권과 주유에게는 대전이나 다름없었다. 적벽전투만큼 주유의 명쾌한 일처리를 가장 잘 보여주는 사례도 없다. 적벽전투의 승리는 결코 우연한 것이 아니었다. 조조의 침공을 예상한 주유가 연일 파양호에서 수군을 조련했던 사실이 이를 뒷받침한다.

당시 손권은 조조의 대군이 한수 일대에 이르렀을 때 제갈량의 유세에 자극을 받아 유비와 연합해 일전을 결할 생각을 품고 있었다. 그러나 아군의 숫자를 우려하지 않을 수 없었다. 총력을 기울여 싸울지라도 과연 조조의 대군을 물리칠 수 있을지 확신이 서지 않았던 것이다. 여러 대신들의 견해가 통일되지 않은 것도 큰 부담이었다. 이러한 고민 가운데에서 손권은 주유를 만나 상의할 때까지 최종 결론을 유보했다.

여기서 한 가지 주목할 것은 당시 주유가 주화파와 주전파를 모두 만나면서 마치 책략이 없는 듯 애매한 태도를 취한 점이다. 이는 조조의 대군이 밀려와 절체절명의 상황이 벌어져 국론이 양분될 경우 동오는 곧 스스로 무너질 소지가 크다고 판단했기 때문이다. 혜안慧眼의 소산이 아닐 수 없다. 당시 그는 국론 양분의 위기상황을 해소하기 위해서는 손권의 강고한 결전 의지가 뒷받침되어야 한다고 생각했다. 그가 주전파와 주화파의 거듭된 요청에도 불구하고 끝내 자신의 심중을 드러내지 않은 이유가 여기에 있다. 당시 그는 주화파를 설득하기 위한 논리 개발에 골몰했다. 다음날 그는 문무관원들이 모두 참석한 자리에서 이렇게 건의한다.

"지금 북방이 평정이 안 돼 마초와 한수가 아직 버티고 있으니 이는 조조의 첫 번째 두통거리입니다. 북방의 군사들이 수전에 익숙지 못한데도 조조가 기병을 버리고 수군에 의지해 오월인과 다투고자 하니 이것이 두 번째 두통거리입니다. 지금은 추운 겨울로 말먹일 풀조차 없

당시 주유는 주화파를 설득하기 위한 논리 개발에 골몰했다.
주유의 정연한 논리를 들은 주화파는 입을 다물 수밖에 없었다.
주유의 강고한 의지를 확인한 손권이 크게 기뻐하며 자리에서 벌떡 일어났다.

으니 이것이 세 번째 두통거리입니다. 북방의 병사들은 멀리 강호江湖에까지 와 수토水土가 맞지 않아 반드시 병이 날 것이니 이것이 네 번째 두통거리입니다. 이들 사항은 모두 용병에서 가장 꺼리는 것인데도 조조는 위험을 무릅쓰고 전투를 실행하고 있습니다. 장군이 조조를 잡을 수 있는 때가 바로 지금입니다."

정연한 논리에 장소를 비롯한 주화파도 입을 다물 수밖에 없었다. 주유의 강고한 의지를 확인한 손권이 크게 기뻐하며 자리에서 벌떡 일어났다.

"그 늙은 도적이 한나라를 폐하고 스스로 자립한 지 이미 오래되었다. 그는 단지 원씨 형제와 여포, 유표 그리고 나를 꺼렸을 뿐이다. 지금 몇 명의 영웅은 이미 그에 의해 멸망했고 오직 나만 남아 있다. 나와 늙은 도적은 사세 상 양립할 수 없다."

주유가 쾌재를 부르며 조속한 결단을 부추겼다.

"신은 장군을 위해 결전을 단행할 것이며 만 번 죽는 한이 있더라도 후회하지 않을 것입니다. 다만 장군이 결단을 내리지 못할까 두려울 뿐입니다."

손권이 문득 차고 있던 칼을 쑥 뽑아 앞에 있는 탁자를 내리쳐 쪼갠 뒤 큰소리로 말했다.

"제장들 중 감히 조조를 맞이해야 한다고 다시 말하는 자는 이 탁자와 같이 될 것이다."

적벽전투 당시 동오가 이길 가능성은 사실 희박했다. 때문에 장소를 비롯한 대소 신료들은 이구동성으로 항복을 권했다. 당시의 상황에 비춰 이들도 나름대로 충간을 한 셈이다.

그러나 위기상황에서 동오라는 국가공동체를 살리기 위한 최상의 방안이 무엇이었는가를 심도 있게 살펴볼 필요가 있다. 장소 등의 주화파는 위나라의 위세에 주눅이 든 나머지 조조군의 실체를 정확히 파악하고자 하는 노력이 부족했다. 절체절명의 위기상황에서 잘못된 정보에 기초한 결단은 아무리 살신성인의 높은 기개를 담을지라도 궁극적으로는 군주와 나라를 잘못된 길로 인도하는 오국오군誤國誤君의 오판이 될 수밖에 없다. 주화파의 생각은 사실 주군을 살리는 게 아니라 오히려 사지로 몰아넣는 길이었다.

당시 주유의 판단은 주화파들의 생각과 전혀 달랐다. 그는 조조군과 관련한 모든 정보를 수집한 뒤 주도면밀한 분석을 통해 조조군의 허실을 정확히 파악하고 있었다. 동오의 강점인 수군을 적극 활용할 경우 분명 승산이 있었다. 그의 과단은 일시적인 의분에 휩싸인 나머지 무모하게 몸을 내던지는 협객들의 결단과는 차원이 달랐다.

주유의 적벽전투 승리는 적군에 대한 광범위한 정보수집, 적군과 아군의 전력에 대한 철저한 분석, 패배를 두려워하지 않는 과감한 결단, 승리를 견인하기 위한 모든 수단의 동원 등으로 만들어진 값진 결과물이었다. 그는 진인사대천명의 자세로 승리를 견인한 것이다. 정확한 분석의 토대 위에 일정한 위험부담을 안고 과감한 승부수를 내던진 선과善果가 아닐 수 없다.

당시 주유는 주전론을 펼친 자신의 견해가 완전히 적중하리라고는 생각하지 못했을 것이다. 모든 싸움이 그렇듯이 승부는 급변하는 전시상황에 맞춰 어떻게 적절한 대응을 펼치는가에 따라 결정된다. 도상의 전략과 현장의 승부는 별개의 문제이다. 그러나 올바른 전략이 수립되지 않는 한 우연에 기초해 승리를 낚는 경우는 거의 없다.

그런 점에서 주유의 탁월한 전략이 아니었다면 결코 승리를 기대하기 어려웠을 것이다. 적벽전투를 승리로 이끈 주유의 리더십을 창조경영으로 평가할 수 있는 이유가 여기에 있다.

원래 창조경영은 모험경영을 달리 표현한 것이다. 이때 모험은 앞서 행한 사람이 전혀 없는 전인미답前人未踏의 노선을 뜻한다. 선례를 찾을 길이 없기에 모든 것이 모험이 될 수밖에 없다. 그러나 기존의 강고한 고정관념 또는 관습을 깨고 자신이 옳다고 믿는 바를 관철하는 데서 창조가 나온다. 수많은 위대한 발견 및 발명이 예외없이 이런 과정을 거쳤다. 모험에는 위험부담만 있는 것은 아니다. 정밀한 분석과 용의주도한 준비 작업이 전제될 경우 모험은 성공으로 이어질 수 있다. 이때 리스크가 크면 클수록 창조의 가치 또한 높아지게 된다.

삼국시대 당시 아무도 그 성공가능성을 예측하지 못한 상황에서 자신의 신념인 주전론을 관철시켜 기필코 나라를 위기에서 구한 주유의 행보는 창조경영의 정수를 보여준다. 실제로 이를 계기로 동오는 조조도 두려워할 정도의 위세를 떨칠 수 있었다. 동오의 부가가치가 극대화된 것은 말할 것도 없다. 동오정권이 숱한 우여곡절을 겪으면서도 삼국 중 가장 오랫동안 유지된 것도 이와 무관치 않다고 보아야 한다.

CEO의 삼국지

죽기 전까지
훌륭한 계책을 펼치다

주유는 적벽전투를 승리로 이끈 뒤 이내 손권을 대신해 합비를 지키고 있던 위나라 장수 조인을 1년이 넘도록 공격해 결국 패주시키는 대공을 세웠다. 주유는 이때의 공을 인정받아 남군태수가 되어 강릉에 주둔하게 되었다. 그럼에도 『삼국연의』는 적벽전투의 승리에 이어 남군 장악의 주인공마저 제갈량으로 둔갑시켜 놓았다.

당시 유비는 유표의 옛 부하들이 귀부해오자 이들을 수용할 수 있는 땅이 필요했는데, 동오가 잠정적으로 내준 남군 남안의 땅은 매우 협소해 새로운 땅의 확보가 시급했다. 이에 유비가 손권을 찾아와 형주를 직접 다스릴 뜻을 밝히자 이 소식을 들은 주유는 급히 손권에게 상소문을 올렸다.

"유비는 효웅의 자질이 있고 관우와 장비 등 맹장이 있으니 분명 오랫동안 남의 밑에 엎드려 있지 않을 것입니다. 성대한 궁실을 지은 후 많은 미녀와 금은보화를 보내 그의 눈과 귀를 즐겁게 할 필요가 있습니다."

그러나 손권은 유비와 사이가 벌어질 경우 조조가 이를 틈타 강남을 도모할까 두려워한 나머지 이를 받아들이지 않았다. 당시 주유는 조조에 대항하기 위해서는 형주를 유비에게 잠시 빌려주어 기각지세掎角之勢(협공의 자세를 취해 적과 대치함)를 이루는 것이 필요하다고 판단했다. 주유는 자신의 계책이 받아들여지지 않자 이내 방향을 돌려 익주를 취하고자 했다. 손권은 이를 흔쾌히 허락했다. 그러나 불행히도 주유는 군사들을 이끌고 익주를 향해 진군하던 중 병을 얻고 말았다. 수명이 얼마 남지 않은 것을 눈치 챈 그는 곧 손권에게 이같이 상서했다.

"수명의 장단은 천명이니 실로 애석해할 일이 아닙니다. 다만 익주를 도모하려는 저의 작은 뜻을 펴보지 못한 것이 한스러울 뿐입니다. 지금 조조는 북방을 점거하고 있으나 강역이 아직 평정되지 않았고 유비는 나라 안에 기거하고 있어 마치 호랑이를 키우는 것과 같습니다. 천하대사가 과연 어찌 될지 알 수 없으니 지금은 바로 조정 백관이 밤늦게까지 일해야 하는 가을로 지존은 마음을 다해 계책을 마련해야 하는 시기이기도 합니다. 노숙은 충직한 데다 일을 처리하면서 조금도 구차하지 않으니 가히 저를 대신할 만합니다."

그리고는 제장들을 불러 이같이 당부했다.

"내가 나라에 충성을 다하려 하지 않는 바가 아니나 이미 천명이 다했으니 어찌하겠소. 여러분은 지존을 잘 섬겨 부디 대업을 이루기 바라오."

말을 마친 주유는 이내 세상을 뜨고 말았다. 그의 나이는 36세였다. 동오의 제장들은 주유가 죽자 주유의 영구를 파군에 놓아둔 채 즉시 사람을 보내 주유가 죽기 전에 올린 전문箋文을 손권에게 보냈다. 이에 손권이 크게 비통해했다.

"주유는 제왕을 보좌하는 자질이 있었다. 급작스레 숨을 거두었으니 나는 장차 누구를 의지해야 한단 말인가."

『삼국연의』는 주유가 제갈량과의 지혜싸움에서 패한 후 분을 삭이지 못하고 형주성 밑에서 분사한 것으로 그려 놓았다. 제갈량을 미화하기 위해 적벽전투의 주인공인 주유를 철저히 깎아내린 것이다. 그러나 정사에 나오는 주유는 이와 정반대이다. 그는 문무를 겸비했을 뿐만 아니라 도량이 넓고 겸양으로 남을 대할 줄 하는 당대의 호걸이었다.

적벽전투 당시 주유가 없었다면 손권은 대신들의 강권에 떠밀려 이내 투항했을지도 모른다. 노숙과 제갈량의 권유만으로는 사실상 주화론으로 결론 난 조정의 기본입장을 번복하기 어려웠을 것이다. 그리 되었다면 이내 조조의 천하통일 대업도 순조롭게 진행되었을지 모른다.

그러나 동오에는 주유가 있었다. 적벽전투의 승리는 동오를 살렸을 뿐 아니라 유비가 촉한을 세우는 결정적인 계기로 작용했다. 삼국정립의 기본 틀은 주유의 적벽전투 승리에서 비롯된 것이었다.

CEO의 삼국지

창조경영은
지식경영과 전략경영의
토대 위에 펼쳐진다

창조경영은 주유의 적벽전투 과정을 통해 알 수 있듯이 반드시 지식경영과 전략경영의 토대 위에 서 있어야만 한다. 정확한 정보를 토대로 한 치밀한 전략이 있어야 제대로 된 실천이 이루어질 수 있기 때문이다. 최근 독서를 강조하는 분위기가 널리 확산되는 것도 이와 무관하지 않을 것이다. 그러나 독서가 곧바로 지식으로 이어지는 것은 아니다. 독서는 흥망성쇠의 이치를 배울 수 있는 최상의 길이기는 하나 이를 완전한 자신의 지식으로 만들기 위해서는 공자가 갈파했듯이 숙고의 과정을 거쳐야만 한다.

기업의 경우, 완전히 소화된 지식이 널리 공유되어야만 대다수 기업들이 운영하는 지식시스템^{KMS}이 제대로 작동할 수 있다. 잘 소화된 개인의 지식이 조직의 지식으로 모아지고, 이를 재생산하는 과정이 되풀

이되는 가운데 창조경영의 토대가 자연스럽게 마련될 수 있다.

21세기의 창조경영은 여기서 한 발 더 나아갈 것을 요구하고 있다. 고객경영과 윤리경영의 취지가 덧붙여져야만 한다. 이는 기업의 궁극적인 목적이 흥업보국과 인류의 이용후생에 있다고 볼 때 당연한 주문이기도 하다. 결국 기업의 경영은 인간에서 시작해 인간으로 끝난다는 평범한 진리로 귀결되는 셈이다. 21세기 기업경영의 화두로 등장한 창조경영을 인간경영의 또다른 표현으로 보아야 하는 이유이다.

지식과 창조를 결합하다

지식경영과 창조경영의 결합을 유독 강조하고 있는 노나카는 이에 성공한 회사로 일본의 샤프사를 꼽고 있다. 1912년 창사 이래 샤프는 늘 새로운 제품 생산을 목표로 해왔다. 이를 잘 보여주는 샤프의 사훈이다.

"모방하지 말라. 다른 사람이 모방할 수 있는 것을 만들어라."

샤프의 조직에서 가장 눈여겨 보아야 할 것은 사장실 직속의 독립된 긴급프로젝트팀이다. 전자수첩 등의 모든 히트상품이 이곳에서 만들어졌다. 샤프의 통상적인 연구개발은 전통적인 개발부서가 맡고 있지만 전략적 신제품 개발은 긴급프로젝트팀이 맡는다. 멤버는 기존 조직구조로부터 완전히 독립해 오직 프로젝트 업무에만 몰두한다. 팀 리더는 회사의 모든 부서로부터 필요하다고 생각되는 멤버를 아무 때나 뽑을 수 있다. 프로젝트가 진행되는 기간 중에는 이들 멤버들에게 임원과 동일한 수준의 권한위임을 상징하는 금배지가 수여된다.

또한 새로운 제품과 기술을 개발하는 만큼 예산사용에 아무런 제한이 없다. 회사의 시설을 이용하거나 자재를 조달할 때 최우선권이 부여되는 것은 말할 것도 없다. 샤프는 통상 20개 정도의 긴급프로젝트팀을 가동하고 있다.

긴급프로젝트팀의 성공은 기존의 사업단위에도 큰 변화를 가져왔다. 뉴라이프 전략회의와 뉴잉Newing 상품 전략회의가 그것이다. 뉴잉은 샤프가 만들어낸 신조어로 시장에 새로운 트렌드를 창출하기 위한 노력을 뜻한다. 매월 1회 열리는 뉴라이프 전략회의에는 사장과 부사장, 사업본부장, 각 사업부장이 출석한 가운데 기획담당자가 신제품 개발계획을 설명한다. 이 회의에서 최고의 품질을 자랑하는 절찬상품이 선정된다.

뉴잉상품 전략회의도 매월 1회 열린다. 여기에도 사장을 비롯해 기획에 관련된 사업부장과 기획담당자 등 약 20명가량이 출석해 뉴잉상품을 선정한다. 절찬상품과 뉴잉상품의 개발은 해당사업부를 통해 곧바로 실행된다. 개발팀에 부여된 권한은 긴급프로젝트팀의 그것과 거의 동일하다. 단지 기존 사업단위에 소속되어 있으면서 업무를 추진한다는 점만 다를 뿐이다.

인간경영으로 귀결되는 창조경영은 기업의 시각이 아닌 고객의 시각 또는 시장의 시각으로 기업을 바라보는 것에서 출발할 필요가 있다. 이는 오랫동안 눈앞의 단기적인 이익에 매몰되어 온 기업관행을 의도적으로 차단하기 위해서라도 반드시 필요한 전제조건이다. 이런 전제

조건이 충족되어야만 비로소 고객을 진정한 기업가치의 수요자이자 향유자로 간주하게 된다. 정치와 경제가 고객에 해당하는 국민들의 민생을 책임지는 데서 출발하는 이치와 전혀 다를 바가 없는 것이다. 맹자와 칸트 등의 도덕철학자가 인간을 수단이 아닌 목적으로 간주할 것을 역설한 것도 이런 맥락에서 이해할 필요가 있다.

C E O

9

盧肅

동서고금을 막론하고 국민과 소비자로부터 외면받은 정부와 기업은 결코 장수한 적이 없다. 삼국시대 당시 이
그는 매우 관후(寬厚)한 성품의 소유자였다. 비록 어렸을 때 부친을 여의고 조모와 함께 살았으나 그의 집안은 원
한다. 노숙이 생면부지의 주유를 처음 만나 아무 조건도 없이 크게 도와준 것도 그의 성품을 대변해 준다. 당초
었다. 1균은 창고 하나에 가득 찬 양으로 약 3천 석에 해당했다. 노숙은 아무 조건도 없이 곧 1균을 헐어 주유에

삼 국 지

~~동오의 노숙을 들 수 있다. 『삼국연의』에서 노숙은 매우 천진(天眞)한 인물로 그려져 있다. '천진'은 충직하고 온후하며 솔직하다는 의미이다.~~
~~가 남에게 베푸는 것을 좋아해 집안일을 돌보지 않은 채 논밭을 팔아 가난한 사람을 구제하고, 선비들을 모으는 것을 업으로 삼았다고 기록~~
~~휘하 장령 수백 명과 함께 행군을 하던 중 노숙의 집 앞을 지나면서 식량지원을 요청한 적이 있었다. 당시 노숙의 집에는 쌀이 2균 정도 있~~
~~숙이 천하의 기재(奇才)임을 알아차리고 곧 그와 친교를 맺었다. 삼국시대의 인물 중 이처럼 관인한 모습을 보여준 사람은 노숙밖에 없었다.~~

노숙

진심을 담은 착한 마케팅

노숙 盧肅, 172~217

『삼국연의』는 삼국시대 인물 중 가장 관인한 면모를 보였던 노숙을 시종 순진하기 짝이 없는 어리석은 인물로 묘사해 놓았다. 그러나 노숙은 주유가 죽은 후 동오의 총사령관이 된 것에서 알 수 있듯이 탁월한 지략을 지닌 인물이었다. 유비에게 형주를 빌려주는 대신 그와 동맹관계를 맺고, 설욕전에 불타는 조조를 견제하기 위해 정족지계를 관철하기도 했다. 정족지계는 내용상 제갈량의 천하삼분지계와 별반 차이가 없다. 손권이 유비의 세력 확장에 두려움을 느껴 유비를 치려고 할 때 조조군을 막기 위해서는 반드시 '정족지세'를 유지해야 한다며 손권을 설득한 배경이 여기에 있다.

C E O 의 삼 국 지

신뢰를 바탕으로
탁월한 지략을 펼치다

　춘추전국시대 당시 제자백가는 국가와 사회, 인간의 상호관계를 놓고 치열한 설전을 벌였다. 이들의 입장을 요약하면 인간관계를 신뢰관계로 볼 것인지, 아니면 이해관계로 볼 것인지 여부에 다라 크게 두 파로 나뉜다. 유가와 묵가는 전자, 법가와 병가 등은 후자의 입장에 서 있었다. 도가는 양자의 입장을 초월하는 쪽에 서 있었다.

　서양에서도 이와 유사한 논쟁이 19세기 말에 활발히 전개된 바 있다. 독일의 사회학자 퇴니스가 주창한 '공동사회와 이익사회의 대립'이 그것이다. 공동사회는 신뢰관계, 이익사회는 이해관계에 대응하는 것이다. 서양에서 발달한 기업 형태를 지난 세기 말까지만 해도 이익사회의 전형으로 간주해 온 것도 이런 논쟁과 무관치 않다.

　그러나 글로벌 경제가 당연시되고 있는 21세기의 시대적 상황은 신뢰관계에 좀 더 무게를 실을 것을 주문하고 있다. 아무리 대단한 글로벌 기업이라도 고객들에게 신뢰를 잃을 경우 결코 살아남을 수 없다는 사실이 증명된 결과이다.

글로벌 기업의 출발은 말할 것도 없이 국내고객의 신뢰에서 시작해야 한다. 국내 고객에게 신뢰받지 못한 기업은 세계시장에서도 통할 수 없다. '안에서 새는 바가지 밖에서도 샌다'는 우리 속담이 이를 뒷받침한다.

관후한 성품으로 백성을 사로잡다

21세기의 고객은 과거처럼 기업이 마음대로 통제할 수 있는 대상이 아니다. 기업CEO들은 고객의 가치를 극대화시켜주는 것이 곧 기업의 가치를 극대화시키는 것이라는 간명한 이치를 깊이 숙지할 필요가 있다. 기원전 7세기 관중은 이미 이러한 이치를 꿰고 있었다. 『관자』「목민」편에 나오는 해당구절이다.

"백성들이 바라는 일락佚樂(편안하고 즐거움), 부귀富貴, 존안存安(보호받아 안전함), 생육生育(낳아 기름)의 네 가지를 추구하면 먼 곳의 사람도 저절로 다가와 친해진다. 백성들이 싫어하는 우로憂勞(근심하고 수고스러움), 빈천貧賤(가난하고 천함), 위추危墜(위험에 빠짐), 멸절滅絕(후사가 끊어짐)의 네 가지를 행하면 가까운 곳의 사람도 저절로 배반하게 된다. 그래서 말하기를, '주는 것이 도리어 받는 것임을 아는 것이 다스림의 요체이다'라고 하는 것이다."

당초 거소 현장으로 있던 주유는 휘하 장령 수백 명과 함께 행군을 하던 중 노숙의 집 앞을 지나면서 식량지원을 요청한 적이 있었다. 당시 노숙의 집에는 쌀이 2균 가량 있었다. 1균은 창고 하나에 가득 찬 양으로 약 3천 석에 해당했다. 노숙은 아무 조건도 없이 곧 1균을 헐어 주유에게 주었다. 이에 주유는 노숙이 천하의 기재임을 알아차리고 곧 그와 친교를 맺었다.

국가경영의 고객은 국민이고, 기업경영의 고객은 소비자이다. 동서고금을 막론하고 고객들로부터 외면받은 정부와 기업이 일시적으로 흥한 적은 있어도 결코 장수한 적은 없다. 오히려 민란 등의 사태가 빚어진 후 더 큰 후폭풍에 휘말려 차라리 역사의 무대에 나서지 않으니만 못한 경우가 비일비재했다. 삼국시대 당시 이러한 이치를 깨달은 인물로 동오의 노숙을 들 수 있다.

『삼국연의』에서 노숙은 매우 천진天眞한 인물로 그려져 있다. '천진'은 충직하고 온후하며 솔직하다는 의미이다. 그는 매우 관후寬厚한 성품의 소유자였다. 비록 어렸을 때 부친을 여의고 조모와 함께 살았으나 그의 집안은 원래 부가富家였다. 사서는 그가 남에게 베푸는 것을 좋아해 집안일을 돌보지 않은 채 논밭을 팔아 가난한 사람을 구제하고, 선비들을 모으는 것을 업으로 삼았다고 기록한다.

노숙이 생면부지의 주유를 처음 만나 아무 조건도 없이 크게 도와준 것도 그의 성품을 대변해 준다. 당초 거소 현장으로 있던 주유는 휘하 장령 수백 명과 함께 행군을 하던 중 노숙의 집 앞을 지나면서 식량지원을 요청한 적이 있었다. 당시 노숙의 집에는 쌀이 2균 정도 있었다. 1균은 창고 하나에 가득 찬 양으로 약 3천 석에 해당했다. 노숙은 아무 조건도 없이 곧 1균을 헐어 주유에게 주었다. 이에 주유는 노숙이 천하의 기재奇才임을 알아차리고 곧 그와 친교를 맺었다. 삼국시대의 인물 중 이처럼 관인한 모습을 보여준 사람은 노숙밖에 없었다.

C E O 의 삼 국 지

뛰어난 선견지명으로 거대한 성과를 거두다

　노숙은 인품도 뛰어났지만 지모 또한 탁월했다. 손권에게 천하삼분지계를 건의한 사실이 이를 뒷받침하며 이는 통상 노숙밀의密議라고 불린다. 정사『삼국지』와『자치통감』에 따르면 그는 손권이 자신을 인정하고 크게 대우해 주자 처음으로 독대하는 자리에서 이렇게 건의했다.

　"예전에 한고조 유방도 초나라 의제義帝를 존봉하려고 했으나 결국 성공하지 못했습니다. 이는 항우의 무리가 방해했기 때문입니다. 지금의 조조는 옛날의 항우와 같습니다. 생각건대 한실은 이제 부흥시키기 어렵고 조조 또한 단숨에 없애기 어렵습니다. 장군을 위한 계책으로는 오직 강동을 굳게 지키면서 천하의 추이를 관찰하는 방안밖에 없습니다. 조조가 북쪽의 일로 인해 남쪽에 신경 쓸 겨를이 없는 사이 황조를 제거하고 유표를 토벌하면 능히 장강 일대를 모두 차지할 수 있습니다. 이것이 바로 대업을 이루는 지름길입니다."

내실을 기하며 때를 기다리다 천하를 취하라

유표의 형주를 빼앗고 장강 상류에 있는 익주를 점령하자는 것이 노숙밀의의 골자였다. 그런데 사서에 실려 있는 노숙밀의는 제갈량의 천하삼분지계에 비해 그 내용이 매우 간략하다. 많은 사람들이 노숙밀의가 실은 제갈량의 천하삼분지계와 같은 내용이라는 사실을 간과하고 있는 것도 이와 무관하지 않을 것이다.『삼국지』「노숙전」을 보면 그는 소년시절부터 큰 뜻을 품고 즐겨 기책을 많이 냈음을 알 수 있다. 노숙밀의는 바로 그의 이런 뛰어난 지모에서 비롯된 것으로 보아야 한다.

노숙이 손권에게 강동에 둥지를 틀고 천하통일의 기회를 엿볼 것을 권한 것은 정족지계鼎足之計(삼국이 세발솥처럼 공존하는 계책)의 핵심을 언급한 것이다. 노숙은 결코 손권이 강동에 웅크린 채 삼국정립의 일원으로 머무는 것을 바라지 않았다. 그의 궁극적인 목표는 천하통일이었다. 다만 때가 무르익지 않은 만큼 시간을 두고 힘을 키울 것을 권한 것이다.

그가 권한 정족지계의 다음 단계는 강동을 기반으로 형주와 익주를 병합함으로써 장강 일대를 모두 제압해 남북 대치의 상황을 연출하는 것이었다. 이후 충분한 시간을 갖고 중원을 도모해 마침내 천하를 통일하는 것이 정족지계의 최종 단계에 해당한다. 그가 제시한 정족지계는 제갈량의 천하삼분지계와 비교해도 전혀 뒤지지 않는다. 내실을 기하며 때를 기다리다가 천하통일을 이루도록 권한 것은 탁견이다.

특이하게도 그의 정족지계에는 제갈량의 천하삼분지계와 달리 조조와 손권을 제외한 또 하나의 당사자에 관한 언급이 없다. 이로 인해 오랫동안 많은 사람들이 노숙의 정족지계에 의문을 표했다. 북송대의 사마광도 그 중 한 사람이었다. 그는 『자치통감』에서 이같이 의문을 표했다.

"당시 유비는 한 척의 땅도 없었는데 어떻게 정족이라고 말할 수 있는가."

일각에서는 형주의 유표를 염두에 둔 것으로 해석하고 있으나 이는 억지이다. 노숙은 유표를 결코 정족의 당사자로 본 적이 없다. 그가 생각한 또 하나의 당사자는 바로 유비였다. 유비의 이름이 구체적으로 거론되지 않은 것은 노숙밀의 당시 유비의 실체가 보다 구체적으로 드러나지 않았기 때문이다.

논리적으로 볼 때 그가 조조를 항우에 비유한 것은 손권을 유방으로 간주한 것에서 출발하고 있다. 그는 내심 누군가가 유방과 힘을 합쳐 항우를 제압한 한신의 역할을 수행할 것으로 예상하고 있었던 것이다. 초한전 당시 한신의 책사였던 괴철은 사상 최초로 천하삼분지계를 언급한 장본인이다. 노숙은 유비가 장차 한신의 역할을 할 것으로 내다본 셈이다.

당시 그는 유비가 정족지계의 당사자로 부상하면 이를 토대로 제 2의 항우인 조조를 없앤 뒤 시간을 두고 한신까지 제거해 마침내 천하통일을 이루려 했을 공산이 크다. 사실 이처럼 해석해야만 그가 주유의 반대에도 불구하고 형주 땅을 잠시 유비에게 빌려주는 방안을 손권에게 권한 맥락을 제대로 파악할 수 있다. 당시만 해도 떠돌이 무리의 우두머리에 불과했던 유비를 정족지계의 당사자로 간주한 그의 선견지명이 빛나는 대목이다.

그럼에도 『삼국연의』는 순진한 노숙이 제갈량의 유세에 넘어가 형주를 유비에게 빌려주도록 권한 것으로 그려 놓았다. 이는 손권을 중심으로 천하를 통일하고자 한 노숙의 웅대한 책략을 제대로 파악하지 못한 결과이다. 적벽전투 직전 유비를 설득하기 위해 당양의 장판파까지 찾아간 것도 유비를 초한전 때의 한신으로 만들고자 하는 속셈에서 나온 것으로 보아야 한다. 그는 유비를 제2의 한신으로 만들어 자신이 건의한 정족지계의 타당성을 입증하려고 한 것이다.

그러나 객관적으로 볼 때 정족지계와 천하삼분지계는 오직 노숙과 제갈량만의 생각이 아니었다. 당시 감녕도 적벽전투 이전에 손권에게 형주와 익주를 영유하여 조조에게 대항할 것을 권한 적이 있었다. 형주의 방통과 익주의 법정 등도 비슷한 생각을 갖고 있었다. 이들 모두 괴철이 주군인 한신에게 제나라를 탈취해 유방과 항우에게 대항할 제3의 세력으로 자립할 것을 권한 것처럼 천하삼분지계 등의 방략을 평소 마음 속에 품고 있었음이 틀림없다.

손권을 웃게 만든 정족지계의 핵심

노숙의 책사로서의 역할은 적벽전투 이후 더욱 빛났다. 손권은 적벽전투 승리의 여세를 몰아 합비로 진공했으나 공략이 여의치 않자 적잖이 당황했다. 그가 합비성 50리 밖에 군사를 주둔시키고 있을 때 정보가 지원군을 이끌고 왔다. 그를 마중나가던 중 마침 노숙이 먼저 당도할 것이라는 소식을 접하고는 이내 말에서 내려 노숙을 기다렸다. 제장들은 주군이 노숙에게 예를 갖추는 모습을 보고 크게 놀랐다. 얼마 후 노숙이 당도하자 손권은 그와 말머리를 나란히 하여 나아가면서 은근히 물었다.

"내가 말에서 내려 공을 맞이한 것이 공에게는 영광이지 않겠소."

"아닙니다."

손권이 의아해하며 물었다.

"내가 어찌해야 공에게 영광이 되는 것이오."

"명공의 위덕威德이 사해에 떨치고 온 천하를 통합해 제업帝業을 이루면 저의 이름을 죽백竹帛(역사를 기록한 책)에 올려주십시오. 그러면 비로소 저의 영광이 될 것입니다."

손권이 박장대소했다. 이는 노숙이 건의한 정족지계의 기본 취지가 어디에 있는지를 선명히 보여 준다. 당시 두 사람은 합비 공략 방안을 깊숙이 논의했으나 묘안을 찾기가 쉽지 않았다. 위나라가 적벽전투 패배 후 합비를 지키기 위해 총력을 기울인 결과였다. 결국 합비는 주유가 손권의 뒤를 이어 근 1년 동안 쉬지 않고 맹공을 퍼부은 뒤에야 간신히 손에 넣을 수 있었다.

손권은 합비 공략 후 주유의 천거를 받아들여 노숙을 분무교위에 임명한 뒤 주유의 역할을 대신하도록 했다. 얼마 후 장사군의 일부를 떼어 한창군을 만든 뒤 노숙을 한창태수로 삼아 육구에 주둔케 했다. 노숙과 관포지교를 맺고 있던 주유는 이 일이 있은 지 얼마 안 돼 죽고 말았다. 이후 주유를 대신해 동오의 총사령관이 된 노숙은 제갈량과 긴밀히 협조하며 조조군의 남하를 저지하는 데 총력을 기울였다.

이외에도 노숙의 탁월한 지모는 여러 차례 그 빛을 발했다.

전략적 제휴 : 유비를 이용해 동오를 지켜내다

노숙은 동오의 군사를 총지휘하면서 조조가 언제 쳐들어올지 몰라 늘 불안해했다. 그가 동오의 군사권을 장악한 지 얼마 안 돼 형주를 유비에게 빌려주고 그와 함께 공동으로 조조에게 대항하는 방안을 관철시킨 이유가 여기에 있다. 당시 손권도 비슷한 생각을 하고 있었다. 실제로 막강한 군세를 자랑하며 적벽전투의 설욕을 벼르고 있던 조조의 남침을 막기 위해서는 유비와 기각지세를 이뤄 협공 능력을 극대화하는 조치가 필요했다.

객관적으로 볼 때 당시 절치부심하며 복수의 칼을 갈고 있는 조조군을 손권 홀로 당해내는 것은 불가능했다. 형주를 유비에게 빌려주어 기각지세를 이룸으로써 조조를 견제하는 것은 시의에 부합하는 절묘한 방안이었다. 노숙과 제갈량이 죽을 때까지 상호 긴밀히 협조하며 자신들이 구상했던 정족지계와 천하삼분지계의 실현을 위해 애쓴 이유가 여기에 있다.

이는 결과적으로 유비가 익주를 근거지로 삼아 삼국정립의 기반을 다지게 된 배경으로 작용했다. 노숙의 보이지 않는 공이 컸던 셈이다.

당시 노숙은 의도적으로 유비를 일정 수준까지 키워야 동오를 지켜낼 수 있다고 판단했음에 틀림없다. 유비가 방통을 용재庸才로 치부했을 때 서신을 보내 중용을 당부한 것도 이런 맥락에서 이해할 수 있다.

비범한 담력으로 과감히 움직이다

노숙은 선견지명도 뛰어났지만 비범한 담력의 소유자이기도 했다. 많은 모사와 제장들이 투항을 권유할 당시 결연히 조조군과 싸울 것을 주장한 것이 그 증거이다. 그는 큰일에 임할 때도 결코 놀라거나 서두르지 않았다. 유비가 익주를 탈취한 뒤 촉한과 동오 사이에 형주를 놓고 치열한 신경전이 벌어졌을 때 노숙은 이를 원만하게 해결하기 위해 부단히 노력한 바 있다. 노숙이 일찍 죽지만 않았다면 관우가 여몽에게 패해 허무하게 죽는 일은 일어나지 않았을지도 모른다. 실제로 모종강은 나관중의 『삼국연의』를 고쳐 쓰면서 여몽이 손권에게 서주를 취하지 말고 형주를 취할 것을 건의하는 대목에서 이런 평을 달아놓았다.

"만약 노숙이 살아 있었더라면 반드시 서주를 취하여 중원을 함께 나누어야 한다고 주장했을 것이다. 그리되었다면 손권이 관우를 공격해 결과적으로 조조를 이롭게 하는 일 따위는 하지 않았을 것이다."

노숙의 죽음은 촉한에게도 커다란 불행이었다. 당시 노숙과 관우는 형주의 반환문제를 따지기 위해 회동했을 때 군사들을 1백 보 밖에 배치하면서 장령들만큼은 검을 찬 채 시위侍衛(임금을 모시어 호위함)할 수 있도록 조치했다. 삼엄한 풍경이었다. 먼저 노숙이 관우에게 세 개 군을 돌려주지 않은 것을 추궁했다.

"우리 동오는 그대들이 몸조차 둘 곳이 없는 것을 보고 매우 안타깝게 여겨 땅과 민력을 아끼지 않고 도와주었소. 그런데도 그대들은 자신의 이익만을 생각해 간교한 거짓말로 덕을 해치며 맹약을 져버리고 있소. 지금 익주를 손에 넣고도 또 형주를 병탄하려고 하니 이는 범부조차 할 수 없는 일이 아니오."

대답이 궁한 관우가 한참 후 입을 열었다.

"그건 나라 일이니 내가 나서서 따질 일이 아니오."

『삼국연의』는 이 장면을 크게 윤색해 놓았다. 기본 줄거리는 역사적 사실과 부합하지만 전체 내용은 관우를 미화하기 위해 허구로 덧씌워져 있다. 관우는 오직 대도 한 자루만을 지닌 채 회담에 임한 데 반해 노숙은 여의치 않으면 관우를 도모할 생각으로 살수殺手(칼창을 가진 군사)를 배치한 것으로 묘사해 놓은 것이다. 이를 토대로 원제국 때의 관한경은 「단도회單刀會」라는 잡극을 만든 바 있다.

당시 쌍방 모두 대도 한 자루씩을 차고 회담에 나왔다. 노숙은 조리 있는 말로 유비의 무신無信을 비난한 데 반해 관우는 시종 '말로 대답할 게 없다'며 발뺌하는 모습을 보였다. 그럼에도 『삼국연의』는 오히려 관우를 기세등등한 인물로 그리고 노숙은 횡설수설하며 바보스런 인물로 그려 놓았다. 이는 말할 것도 없이 노숙을 우매한 인물로 폄하해 관우의 지용智勇을 돋보이게 하려는 속셈에서 나온 것이다.

그러나 당시 노숙의 입장에서는 만나면서 어떤 흉계나 꼼수를 쓸 필요가 전혀 없었다. 이미 유비가 익주를 취하면 형주를 돌려주겠노라고 분명히 약속했기 때문이다. 노숙은 그 누구보다도 유비 일행에 대해 형주의 반환을 당당히 요구할 수 있는 입장에 서 있었다. 유비가 익주를 탈취할 수 있었던 것도 노숙의 주선으로 형주를 도약의 발판으로 삼은 것에서 가능했기에 노숙만큼 이 문제를 당당하게 따질 수 있는 사람도 없었다.

『삼국지』「노숙전」의 배송지 주에 인용된 『오서』는 그가 얼마나 뛰어난 인물인지를 상세히 소개해 놓고 있다. 여기에서는 천하의 호걸과 두루 교류한 까닭에 병법은 물론 변론에도 뛰어났고, 천하대세를 포함한 모든 사안에 해박한 식견을 지닌 매우 사려 깊은 인물로 그를 묘사하고 있다. 정족지계를 건의한 노숙밀의가 그 증거이다. 이는 제갈량의 천하삼분지계보다 7년이나 앞서 나왔다. 논리적인 면에서도 결코 뒤지지 않았다. 그가 제갈량과 더불어 생전에 손권과 유비의 연합세력을 유지하기 위해 부심한 이유가 여기에 있다.

적벽전투 직전 제갈량이 동오를 방문해 손권에게 유세할 수 있었던 것도 노숙의 적극적인 천거와 지지가 있었기에 가능했다. 당시 동오의 원훈인 장소는 노숙의 정족지계를 두고 '너무 미숙하다'고 폄하했으나 손권은 오히려 높이 평가했다. 동일한 사안을 두고 군주와 신하의 입장에서 보는 것이 이처럼 큰 차이가 있었다.

노숙은 건안 22년(217) 비교적 젊은 나이인 46세로 세상을 떠났다. 그가 오래 살았다면 삼국의 역사도 다른 방향으로 전개되었을 공산이 크다. 주유가 청류 사대부의 풍모를 강하게 풍겼다면 노숙은 관인한 장자의 풍모를 유감없이 보여주었다고 평할 수 있다.

C E O 의 삼 국 지

고객의 입장에서
생각하고 경영하라

관후한 인품의 소유자였던 노숙의 사례는 현대 기업들이 고객을 향해 가져야할 마음가짐을 제시해 준다고 볼 수 있다. 이는 비단 매출과 연관이 없는 기업이익의 사회 환원 차원뿐만 아니라 마케팅 차원에서도 주효하다.

돈이 된 착한 마케팅

처음부터 빈민층을 주요 목표고객으로 설정하고 마케팅을 펼친 브라질의 매거진 루이자 백화점의 성공사례는 '부자의 주머니를 열어야 돈을 벌 수 있다'는 기존의 통념을 철저히 뒤엎은 경우에 해당한다.

브라질은 빈부격차가 극심해 인구의 절반은 은행계좌가 없다. 담보

없는 대출은 꿈도 꾸지 못하는 저소득층에게 이 회사는 월 4퍼센트의 이자로 외상판매를 했다. 매장에 책상을 마련한 뒤 고객들의 계좌 개설을 도우면서 개인대출과 보험가입 서비스도 곁들였다. 외상매출 부도율은 브라질 소매업체 평균의 절반에 지나지 않았다.

인구밀도가 상대적으로 낮은 변두리 매장들에서 성공을 거둔 이 회사는 저소득층이 밀집한 상파울로 등의 도심 지역에 진입하면서 브라질 저소득층 대부분이 컴맹이라는 사실에 주목해 또 다시 새로운 실험을 했다. 고객에게 인터넷쇼핑을 교육시키면서 구매를 유도하는 전자매장을 시행한 것이다. 저소득층 밀집 지역에 개설된 전자매장에는 오직 서비스 담당 직원과 컴퓨터뿐이다. 고객들은 수백 대의 컴퓨터 앞에 앉아 직원들의 안내에 따라 백화점 네트워크를 통해 구매하고자 하는 물건의 정보를 자세히 검색할 수 있었다. 그 자리에서 백화점이 제공하는 신용체계를 통한 결제도 가능했다. 물건의 배송은 48시간을 넘지 않았다.

그 실적은 무척 화려하다. 한 지역의 작은 상점에서 출발해 10여 년 만에 3백 개 가까운 점포를 거느린 전국 3위 백화점으로 발돋움한 이 회사는 한 해도 거르지 않고 꾸준한 이익을 내고 있다. 브라질의 경제성장률이 마이너스로 떨어진 해에도 이 회사의 매출은 오히려 30퍼센트나 늘었다.

대다수 지점의 임직원들은 매주 월요일 아침에 모여 국가를 부른 뒤 매출 실적을 토론하는 주례조회를 연다. 가난한 이웃을 도우며 국가발전에 이바지 하고 있다는 자부심으로 인해 열띤 토론이 전개되는 주례조회는 마치 성전 및 의전에 출전하는 전사들의 모습을 방불케 한다.

이 회사의 성공사례는 부자들의 주머니에서 나온 돈이 모든 사람들에게 흘러가지 못할 경우 오히려 빈익빈부익부만 강화할 뿐이라는 일부 학자들의 경고를 역으로 입증한 셈이다.

윤리경영과 이윤경영의 절묘한 결합

인도 마두라이의 애러빈드 안과에서도 이와 유사한 사례를 찾을 수 있다. 이 병원은 환자의 70퍼센트가 공짜 환자인데도 불구하고 매해 이익을 내고 있다. 그 비결은 수술을 기다리는 사람들이 매일 장사진을 이루도록 만드는 사회 마케팅에 있다. 이는 의사들이 환자 거주 지역을 직접 찾아가 시력을 무료로 측정해 주고 수술 필요성 여부를 판정하는 검안檢眼 캠프 시스템을 활용한 덕분이다.

이 병원의 내부고객인 의사와 간호사의 보수는 다른 사설 병원의 절반밖에 안 되고, 노동시간은 오히려 2배나 많지만 만족도와 충성도는 훨씬 높다. 비밀은 무제한에 가까운 시술경험에 있다. 무료 환자가 많은 까닭에 이곳에서 1년 일한 경험은 미국의 안과 병원에서 10년 근무한 경험보다 질이 높다. 이러한 질 높은 의료기술로 병원을 지탱하게 해주는 30퍼센트의 유료 환자에게는 수술비용에 따라 다양한 의료서비스를 제공하고 있다. 무료시술의 윤리경영과 유료시술의 이윤경영이 절묘하게 결합한 대표적인 사례라 할 수 있다.

선善은 결국 선으로 통하게 되어있다. 진심어린 따뜻한 마음을 고객에게 전달한다면 고객은 결코 그것을 배신하지 않고 보답할 것이다.

이것은 현대의 기업들이 기필코 숙지해야 할 매우 중요한 사안이다.

　백성과 비슷한 눈높이로 그들의 고충을 자신의 것으로 받아들였던 노숙의 자세는 큰 본보기가 아닐 수 없다.

C E O

10

역사상의 관우는 실제로 어떤 인물이었을까. 사서의 기록에 따르면 그는 평소 사대부들
한 사실과 무관하지 않았다. 진수의 평이 이를 뒷받침한다. "관우는 병졸들에게는 매우
그는 제갈량에게 편지를 보내 마초의 인물됨을 물었다. 관우의 속마음을 헤아린 제갈
하면 쉽게 우열을 가리기 어렵지만 관공과 비교하면 그쪽이 약간 열세라고 할 수 있소

關 羽

삼 국 지

난폭한 행동을 많이 했다. 마초가 투항해 왔을 때 쓸데없는 경쟁의식을 표출한 것이 이를 잘 보여준다. 이는 그가 지나치게 명절名節을 숭상
는 교만하게 굴었다." 당시 그는 마초에 대한 소문만 익히 들었을 뿐 일면식도 없었다. 자신이야말로 천하의 호걸이라는 자부심이 강했던
초는 문무에 모두 뛰어난 인물이오. 일대의 영웅호걸로 유방의 공신이었던 경포 및 팽월에 비길 만한 인물이라고 할 수 있소. 장비와 비교
하면서 빈객들을 불러놓고 이를 자랑했다. 이는 그가 매우 우직한 성품의 인물임을 보여준다. 원래 우직한 인물은 술수에 취약하다.

관우 자존심 센 의리의 사나이

관우 關羽, 162~219

중국은 사마천이 『사기』를 저술하면서 「자객열전」을 지은 것에서 알 수 있듯이 의협을 높이 기리는 문화를 갖고 있다. 관우는 삼국시대 당시 의협의 전형을 보여준 인물이다. 의협에 대한 칭송은 21세기 현재까지 그대로 이어지고 있다. 조직폭력배인 소위 흑방이 관우의 상을 모셔놓고 협객을 자처하는 것이 이를 증명한다. 일각에서 관우를 냉엄한 자객의 표상으로 해석하는 것도 같은 맥락일 것이다. 그러나 관우는 도를 넘어설 정도로 자부심이 너무 컸다. 동오의 총사령관인 여몽의 계략에 빠져 육손을 업신여겼다가 비참한 최후를 맞이한 것이 그 증거이다. 의형제 결의를 맺은 장비의 횡사와 유비의 패사도 여기서 비롯된 것이었다.

의협의 전형, 관우 바로보기

최근 네덜란드의 한 학자가 세계 17개국을 대상으로 국민들의 행동양식을 조사했다. 그런데 질문 중 '친구를 위해 법정에서 거짓 증언을 해줄 수 있느냐'는 질문에 대한 긍정적 응답의 비율이 동양권에서 상대적으로 높게 나왔다. 그 중에서도 한국은 그렇게 하겠다는 답변이 74퍼센트에 달해 동양권에서 가장 높은 비율을 기록했다. 캐나다, 미국, 영국, 스위스, 서독 등 서방 사람들이 90퍼센트 이상 사실대로 말하겠다고 답한 것과 극명한 대조를 이룬다. 친구를 감싸고자 하는 사의私義가 법정에서 진실을 말해야 하는 공의公義를 압도한 셈이다.

삼국시대 당시 공의와 사의 속에서 갈등을 겪은 대표적인 인물로는 관우를 들 수 있다.

그는 과연 의리의 표상인가?

『삼국연의』는 관우를 무성武聖으로 그려 놓고 있다. 그가 오랫동안 많은 사람들의 칭송을 받아 온 것도 이와 무관치 않을 것이다. 중국에서는 지금도 관우를 숭배하는 사람이 매우 많다. 과거 조선조에도 관우를 기리는 사당이 세워진 바가 있는데, 이는 임진왜란 때 명나라가 도와준 것을 기리기 위한 것이었다.

그러나 사서에 나오는 관우는 이와 사뭇 다르다. 그는 조금의 망설임도 없이 단칼에 적을 처단하곤 했다. 백마대전 당시 원소 휘하의 맹장 안량은 무방비 상태로 있다가 관우에 의해 목이 달아났을 공산이 크다. 『삼국연의』에서도 안량이 무슨 말인가 하려는 순간 관우의 칼을 맞고 말 아래로 떨어졌다고 묘사해 놓았다.

『삼국연의』에서는 관우가 안량에 이어 문추의 목까지 벤 것으로 묘사되어 있으나 사서에 따르면 문추는 도주하다가 조조의 군사들에 의해 죽임을 당한 것으로 되어 있다. 이를 두고 일각에서는 관우는 여포가 보여준 절륜한 무용과는 차원이 다른 일격필살의 협객에 가깝다는 평을 내리고 있다.

원래 협객은 사마천이 『사기』 「자객열전」에서 진시황의 척살에 나선 자객 형가를 높이 평가해 놓은 것처럼 자신을 알아주는 사람을 위해 목숨을 내던지는 의인에 가깝다. 실제로 나관중은 『삼국연의』에서 관우를 시종 의리의 화신으로 그려놓았다.

대표적인 예로 적벽전투 당시 자신에게 지은을 베푼 조조를 살려준 것을 들 수 있다. 그러나 이는 허구이다. 원제국 때 나온 『삼국지평화』

에는 조조가 관우에게 연거푸 세 번에 걸쳐 공격을 당하는 것으로 묘사되어 있다. 재미난 것은 세 번째 공격을 당하는 장면이다.

"조공이 활영로^{滑榮路}(화용도)를 택해 길을 재촉했다. 20리쯤 가다가 5백 명의 도부수^{刀斧手}를 만났다. 관우가 앞길을 막고 있었다. 조조가 온갖 좋은 말로 관우에게 부탁하길, '정후^{亭侯}께서는 조조에게 은혜를 좀 베풀어 주시오'라고 했다. 관우가 말하길, '군사^{軍師}(제갈량)의 명령이 엄중하오'라고 했다. 조조가 관우의 진영을 뚫고 나가려고 했다. 조조와 말을 하는 사이에 얼굴에 근심하는 빛이 역력하던 관우는 조조를 슬그머니 보내주었다. 관우는 몇 리가량 뒤쫓다가 이내 돌아갔다."

공적인 충과 사적인 의의 선택 문제를 놓고 나름대로 고심하는 관우의 모습이 어느 정도 그려지기는 했으나 어딘지 모르게 엉성하다는 느낌을 준다. 나관중은 『삼국연의』를 저술할 때 이 내용을 대폭 수정했다. 관우를 충과 의의 충돌에서 아무런 갈등 없이 곧바로 의를 선택하는 의절^{義絶}의 표상으로 만든 배경이 여기에 있다.

하늘을 찌르는 자존심

역사상의 관우는 실제로 어떤 인물이었을까. 사서의 기록에 따르면 그는 평소 사대부들의 자존심을 상하게 만드는 난폭한 행동을 많이 했다. 마초가 투항해 왔을 때 쓸데없는 경쟁의식을 표출한 것이 이를 잘 보여준다. 이는 그가 지나치게 명절^{名節}을 숭상한 사실과 무관하지 않았다. 진수의 평이 이를 뒷받침한다.

"관우는 병졸들에게는 매우 잘해 주었으나 선비 앞에서는 교만하게 굴었다."

당시 그는 마초에 대한 소문만 익히 들었을 뿐 일면식도 없었다. 자신이야말로 천하의 호걸이라는 자부심이 강했던 그는 제갈량에게 편지를 보내 마초의 인물됨을 물었다. 관우의 속마음을 헤아린 제갈량이 이런 답장을 보냈다.

"마초는 문무에 모두 뛰어난 인물이오. 일대의 영웅호걸로 유방의 공신이었던 경포 및 팽월에 비길 만한 인물이라고 할 수 있소. 장비와 비교하면 쉽게 우열을 가리기 어렵지만 관공과 비교하면 그쪽이 약간 열세라고 할 수 있소."

관우는 이 편지를 읽고 기뻐하면서 빈객들을 불러놓고 이를 자랑했다. 이는 그가 매우 우직한 성품의 인물임을 보여준다. 원래 우직한 인물은 술수에 취약하다. 특히 관우처럼 승리에 대한 집착이 강한 사람의 경우는 오히려 남에게 이용당할 소지가 크다.

실제로 이는 그의 황충에 대한 태도에서 극명하게 드러난 바 있다. 유비는 한중왕에 오른 뒤 인사개편을 단행하면서 마초를 전장군前將軍으로 삼은 데 이어 황충을 후장군後將軍으로 임명했다. 이때 제갈량이 이렇게 말했다.

"황충의 명망은 평소 관우나 마초와 같은 서열이 아니었는데 오늘 같은 자리에 두게 되면 약간 문제가 있을 듯합니다. 먼 곳에 있는 관우가 이 소식을 들으면 틀림없이 달가워하지 않을 것입니다."

"내가 직접 아우에게 설명을 하겠소."

유비는 다음날 익주전부사마로 있는 비시를 시켜 관우에게 인수를 보내주었다. 관우가 성 밖에 나가 비시를 맞아들여 함께 관아에 들어가 수인사를 마친 후 물었다.

"한중왕이 나에게 무슨 작위를 내리셨소."

"5호대장五虎大將의 첫째이십니다."

"5호대장이 누구누구요."

"장군을 포함해 장비와 조자룡, 마초, 황충입니다."

관우가 버럭 화를 냈다.

"사내대장부가 어찌 노병과 동렬에 있을 수 있는가."

그리고는 유비가 보내준 인수를 받으려고 하지 않았다. 비시가 말했다.

"지금 한중왕은 일시의 공로를 생각해 황충을 높인 것입니다. 황충이 어찌 장군과 같을 수 있겠습니까. 게다가 한중왕은 비유하면 군후와 한 몸이니 동고동락하여 화복을 같이 할 것입니다. 장군은 응당 관직 명칭의 고하와 작록의 다소를 괘념치 말아야 합니다. 조만간 장군이 후회하지나 않을까 두렵습니다."

관우가 곧 두 번 절한 뒤 인수를 받으며 사죄했다.

"이 사람이 밝지 못한 탓이오. 만일 그대가 일러주지 않았다면 그만 대사를 그르칠 뻔했소."

당시 관우는 비록 비시에게 사과하며 인수를 받기는 했으나 그의 성벽이 고쳐진 것은 아니었다. 이는 뒤에 형주라는 요충지를 맡고 있으면서 여몽의 모략에 빠져 자멸하는 배경이 되었다.

이에 앞서 그는 손권이 혼인을 맺을 생각으로 제갈량의 친형인 제갈근을 사자로 보냈을 때 이같이 꾸짖었다.

"내 호녀虎女(호랑이의 딸)를 어찌 견자犬子(개의 아들)에게 시집보내란 말인가. 당신 아우의 낯을 보아 참수하는 것을 참겠소만 다시는 그런 말을 입에 담지도 마시오."

얼마든지 정중히 사양할 수 있었음에도 관우는 직설적인 화법을 구사했다. 당시 무안을 당한 제갈근이 동오로 돌아와 이를 그대로 보고하자 손권이 대노했다.

"어찌 그토록 무례할 수 있단 말인가."

관우가 형주를 함락당한 후 이내 비참한 최후를 맞은 배경이 바로 여기에 있다. 대국적인 견지를 고려하지 않고 동오와의 우호관계를 훼손한 것이 근본배경이다. 이를 근거로 일각에서는 관우를 정치적으로 무능한 일개 용부勇夫로 생각하기도 한다. 지나치게 폄하한 게 아니냐는 지적이 있으나 전혀 터무니없는 주장도 아니다.

일찍이 주유는 관우를 두고 웅호지장熊虎之將으로 평한 바 있다. 그는 『삼국연의』에 나오는 것처럼 천하무적의 무신武神도 아니었지만 일개 용부도 아니었다. 진수의 평이 이를 뒷받침한다.

"관우는 모두 1만 명의 적을 상대할 만하여 당대의 호신虎臣(용장)으로 불렸다. 관우는 조조에게 보답을 했으니 이들은 모두 국사國士의 풍모를 지니고 있었다. 그러나 관우는 자긍심이 지나치게 강했다. 관우가 실패한 것은 이치상 그럴 수밖에 없는 것이었다."

관우는 남에게 지는 것을 싫어하는 마음(호승심)과 더불어 남 앞에서 스스로 자랑하길 좋아하는 마음(벌심)이 강했다. 이는 난세를 살아가는 지장智將의 모습과 동떨어진 것이다. 호승심과 벌심이 강하면 남에게 이용당하기 쉽다. 관우가 이 경우에 속한다. 명분에 지나치게 얽매인 탓이다. 예컨대 21세기 경영의 화두인 윤리경영의 경우 그 취지가 아무리 고상할지라도 지나치게 명분에 얽매인다면 관우의 전철을 밟을 수 있다.

명분과 절의는
반드시 지킨다

나관중은 『삼국연의』에서 관우가 충과 의 사이에서 고민하는 모습을 생생히 그려 놓았다. 사적인 의리 차원에서 보면 조조는 관우에게 유비와 장비를 제외하면 평생의 은인이나 다름없었다. 의리의 화신으로 그려진 관우가 자신의 손으로 조조를 사로잡는 것은 관우의 인물형상과 배치되는 것이었다.

『삼국연의』에서 관우는 반드시 조조를 잡아 오겠다며 제갈량 앞에서 큰소리를 땅땅 치고는 군령장까지 써놓고 출전한 것으로 기록되어 있다. 관우의 고민은 바로 나관중의 고민을 대신한 것이었다. 결국 나관중은 관우의 입을 통해 목숨을 구걸하는 조조의 간청을 이런 식으로 해석해 놓았다.

"지난날 제가 비록 승상의 후한 은혜를 입은 적이 있으나 그것은 이미 안량과 문추를 베어 백마의 포위를 풀어드리는 것으로 보답했습니다."

얼핏 듣기에는 그럴 듯하나 관우의 이 말은 논리상 허점이 있다. 조조가 관우의 목숨을 살려준 은혜는 관우가 안량과 문추의 목을 베어 조조를 도와준 것과는 비교할 수 없는 것이다. 관우도 자신의 말에 문제가 있다고 생각했는지 이내 다음과 같이 부연했다.

"오늘의 일은 공적인 일이니 어찌 사사로운 정 때문에 폐할 수 있겠습니까."

자신은 군령장을 써놓고 나온 입장이므로 과거에 조조로부터 두터운 은혜를 입었을지라도 그런 사의에 얽매여 군령장으로 상징되는 공의를 결코 폐할 수 없다는 입장을 표명한 셈이다. 그렇다면 관우는 자신이 언급한대로 공과 사를 분명히 해 조조를 베거나 포로로 잡아가면 되는 것이었다. 그러나 그는 그리하지 않았다. 조조를 놓아준 관우의 행보를 두고 공의와 사의의 충돌에서 후자를 선택한 것은 잘못된 것이라는 지적이 나오는 배경이다.

그러나 관우를 옹호하는 측은 『삼국연의』 전체를 관통하는 관우의 일관된 행보로 볼 때 그의 선택은 당연한 것이었다고 말한다. 조조를 사로잡게 되면 그간 애써 쌓아온 명분과 절의에 커다란 손상을 입게 된다는 것이다. 이들은 『전국책』 「조책」에 나오는 '선비는 자신을 알아주는 사람을 위해 목숨을 바친다'라는 구절을 인용해 관우가 조조를 놓아준 행위는 의로운 자로서 마땅히 취할 수 있는 행동이었다고 옹호하고 있다.

공과 사가 충돌할 때

　역사적 사실과 동떨어진 논란이기는 해도 이 대목은 공의와 사의의 충돌이라는 전통적인 논제를 안고 있어 오랫동안 심각한 논란을 불러왔다. 그러나 결론부터 말하면 이 대목은 공과 사의 대립이 아니라 사와 사의 대립이고, 공적인 충과 사적인 의의 대립이 아니라 의와 의의 대립으로 보는 것이 옳다. 제갈량에게 군령장을 써놓고 오는 행위 자체가 공의가 아닌 사의 차원에서 나온 것으로 묘사되어 있기 때문이다.

　통상 충忠은 군주에 대한 충성으로 해석되고 있으나 엄밀한 의미에서는 나라와 백성에 대한 충성으로 해석하는 게 옳다. 맹자는 백성을 높이고 군주를 가볍게 여기는 귀민경군貴民輕君을 역설하였다. 사실 군주의 이익이 국가와 백성의 이해와 충돌하게 되면 군주 개인에 대한 충성은 진정한 충성이 아니라 사사로운 의리 차원의 충성이 될 뿐이다.

　원래 이 대목은 『삼국지』「무제기」의 배송지 주에 인용된 『산양공재기山陽公載記』를 윤색한 것이다. 『산양공재기』 원문의 골자는 대략 다음과 같다.

　"조조는 장강의 수채에 있던 배들이 불타게 되자 군사들을 이끌고 화용도를 통해 돌아오게 되었다. 이때 진흙 수렁을 만나 쉽게 길을 지날 수 없게 된 상황에서 마침 하늘에서는 거센 바람까지 불었다. 이에 조조는 군사들에게 풀을 베어 지고 와 진창을 메우도록 해 간신히 기병들을 통과시켰다. 이 와중에 피로하고 지친 군사들 상당수가 사람이나 말에 밟혀 진창 속에 빠져 죽었다. 군사들이 그곳을 빠져 나오게 되자 조조가 크게 기뻐했다. 여러 장수들이 그 까닭을 묻자 조조가 말하기를, '유비는 나와 동등한 무리이지만 계책을 세우는 것은 나보다 한 수 아래이다. 그가 만일 일찍이 불을 놓았다면 우리는 필시 전멸했을 것이다'라고 했다. 유비가 뒤늦게 불을 놓았으나 이에 미치지 못했다."

이는 조조가 적벽에서 화공을 당해 화용도로 패주할 때 비록 낭패스러운 처지에 있기는 했으나 『삼국연의』에 나오는 것처럼 어떤 복병을 만난 적은 결코 없었음을 말해준다. 관우는 사의와 공의 사이에서 고민할 이유가 없었던 것이다.

그렇다면 만일 실제로 관우가 추격에 성공해 조조와 조우했다면 어떤 입장을 취했을까. 과연 『삼국연의』에 나온 것처럼 조조를 풀어주었을까. 짐작하기 쉽지 않다. 유비가 퇴각하는 조조군을 몰살하기 위해 불을 놓았다는 『산양공재기』의 기록을 근거로 추정하면 조조의 목을 베었을 가능성이 높아 보인다. 그러나 『삼국연의』의 해당대목을 기준으로 판단할 때는 평가가 달라진다. 관우가 조조를 풀어준 것은 조조 개인에 대한 의리와 유비 개인에 대한 의리가 충돌한 것에 불과하다고 보는 것이 논리적이다. 어느 쪽을 선택하든 관우는 자신의 명분과 절의를 계속 견지한 셈이 된다.

CEO의 삼국지

진정한 윤리경영은
이익을 배신하지 않는다

관우의 비참한 최후는 난세의 상황에서 완고하게 왕도王道만 고집하며 패도覇道를 멀리한 후과로 볼 수 있다. 마치 맹자가 전국시대 말기에 왕도를 통해서만 천하를 통일할 수 있다고 역설하는 바람에 열국의 군주들로부터 경원시된 것과 닮아 있다. 사실 기업경영 차원에서 볼 때 기업이윤과 기업윤리는 상호 양립할 수 없다는 고식적인 생각도 이와 동일한 맥락 위에 서 있는 것이다.

대다수 기업의 홈페이지를 보면 사회공헌 활동 코너에 임직원들이 어린이들이나 노인들에게 선물을 건네며 활짝 웃고 있는 사진을 쉽게 접할 수 있다. 이들 사진 곁에는 거의 예외 없이 '기업이윤을 사회로 환원한다'라는 문구가 붙어 있다. 심지어 일부 기업은 아예 임직원에게 사회봉사활동을 강요하기도 한다. 그러나 이것을 진정한 윤리경영이라 할 수는 없을 것이다. 이상적인 윤리경영의 사례를 보자.

윤리경영으로 위기를 극복하다

지난 1982년 미국 시카고에서 존슨앤존슨 회사가 판매하던 진통제 타이레놀에 독극물인 청산가리가 투입돼 6명이 숨지는 사고가 발생했다. 해열진통제인 타이레놀은 1970년대에 개발돼 회사 총매출의 7퍼센트, 순이익의 17퍼센트를 차지하는 주력상품이었다. 존슨앤존슨은 '우리의 신조'라는 윤리강령에 입각해 즉각 현장에 직원을 급파하고 이 사건을 모두 언론에 공개했다. 2억 4천만 달러의 비용을 감수하며 3천 1백만 개의 타이레놀 병을 수거하여 폐기하고, 이물질을 넣지 못하도록 용기를 새로 제조한 후 시장에 다시 내놓았다. 회사는 수백만 달러의 손해를 입었고, 시장점유율은 절반으로 떨어졌다.

그러나 이러한 조치는 회사에 대한 신뢰도를 높여 결과적으로 매출액과 주가가 동반 상승하는 효과를 가져왔다. 이에 고무된 존슨앤존슨은 곧 윤리 전담 임원의 지휘 하에 '전 사원의 윤리경영 간부화'를 추진함으로써 윤리경영의 선구자로 평가받게 되었다. 현재 타이레놀은 미국시장에서 가장 높은 점유율을 차지하는 해열진통제로서 전 세계적으로 연간 15억 달러의 매출을 올리는 효자상품으로 자리 잡고 있다.

고식적인 윤리경영의 한계를 벗어나다

GE는 홈페이지를 통해 윤리경영을 더없이 강조하고 있다. GE의 홈페이지를 방문하는 사람들은 통상적인 경영이념과 목표 대신 청렴헌장의 코너가 전면에 돌출돼 있는 것을 보고 GE가 새로운 밀레니엄 시대를 얼마나 능동적으로 맞이하고 있는지를 절감한다. 실제로 잭 웰치는 지난 2000년에 발표한 교서에서 이같이 역설한 바 있다.

"GE의 핵심역량은 질 좋은 제품, 고객위주의 경영, 이에 따른 기업의 이윤이 아니다. 그 저변에 깔려있는 더 중요한 가치, 즉 청렴이다."

이는 GE가 품질경영, 고객경영, 이윤경영 등도 중시하지만 윤리경영을 더욱 중시한다는 사실을 강조한 것이다. 이윤경영과 윤리경영의 접점에서 21세기 윤리경영의 요체를 찾아냈다는 선언이나 다름없다. 실제로 GE는 윤리경영을 최우선의 가치로 내세움으로써 내부적으로는 생산성 향상과 기술혁신을 촉진하고, 외부적으로는 기업의 브랜드 가치를 높이는 결과를 얻었다. 이윤의 창출과 윤리의식의 제고를 동시에 이룬 셈이다. 관우가 보여준 고식적인 윤리경영의 한계를 벗어날 수 있는 해법을 여기서 찾을 수 있다.

기업윤리가 제일의 가치다

모토로라는 '사람들을 항상 존중하는 마음으로 타협 없는 정직성을 가지고 행동해야 한다'는 가치 아래 뇌물에 대한 윤리 강령을 엄수하는 것으로 유명하다. 실제로 이 회사는 회사 전체의 연간 이익을 25퍼센트나 올릴 수 있는 비즈니스 상담에서 남미 국가의 정부 관리가 커미션을 요구했다는 이유로 거래 중단을 결정한 바 있다.

미국 최대의 유통업체인 월마트도 직원들이 납품업자로부터 커피한 잔도 얻어 마시지 못하도록 엄히 규제하고 있다. 이를 어길 경우에는 즉각 파면 조치를 당한다. 동양적 기준에서 볼 때는 지나치다는 지적을 받을 만하나 이런 엄격한 조치가 종업원의 윤리 의식을 공고히 하는 데 결정적인 역할을 하고 있다는 사실을 부인할 수 없다.

윤리경영은 최근 기업의 사회적 책임과 관련해 피할 수 없는 과제로 부상해 있다. 국제표준화기구[ISO] 주도로 논의가 활발히 진행 중인 소위 ISO 26000은 2010년 10월께 국제 표준으로 제정될 예정이다. 통상 SR 26000으로 불리는 이 규약이 제정되면 사회적 책임을 다하지 않는 기업은 자사 제품을 외국의 다른 기업과 정부에 납품하는 데 큰 어려움을 겪는 것은 물론 장차 국제시장에서 퇴출을 강요받을 수도 있다.

기업이윤과 기업윤리를 대립개념으로 파악할 경우 윤리경영을 하기 위해서는 이윤경영을 포기해야 하고, 이윤경영을 하려면 윤리경영을 포기해야만 한다. 그러나 이는 기업이윤과 기업윤리가 불가분의 관계를 맺고 있다는 사실을 간과한 것이다. 이윤경영이 단기적 이익만 추구하는 쪽으로 진행되거나, 윤리경영이 사회적 책임만을 따지는 쪽으로 나아갈 경우 양자는 대립관계에 서게 된다. 전자는 동탁이 취한 길이고, 후자는 관우가 취한 길이다. 진정한 윤리경영을 이루기 위해서는 거리로 나가 이웃을 돕는 봉사활동 등을 윤리경영의 전부인 양 간주하는 잘못된 인식부터 바꿔야 한다. 이는 이윤경영과 윤리경영이 상호 밀접한 관계를 맺고 있다는 사실을 이해하는 것에서 출발할 필요가 있다.

C E O

11

장비는 난폭하고 거친 모습으로 기억된다. 지나치게 강직한 성격은 불의를 참지 못해 시시
술과 사람을 좋아하는 인정이 많은 인물이기도 했다. 그러나 술은 장비로 하여금 여러 차
고 있던 장비는 부장 조표의 반란에 놀라 급히 휘하 장령들과 경황 없이 도주하는 바람에
식을 만나게 되었지만 장비의 유사한 실수는 이후에도 몇 차례 계속되었다. 술과 사람을 지

張飛

삼 국 지

…다. 경극에 나오는 장비가 얼굴에 검은 분칠을 하고 있는 것도 이런 그의 성격과 무관치 않을 것이다. 장비는 거칠기만 한 인물은 아니었다. …. 대표적인 예로 유비가 하비를 장비에게 맡겼을 때의 일화를 들 수 있다. 당시 유비는 진등에게 장비를 감시하라고 지시했다. 술을 퍼마시 …나오고 말았다. 이에 여포는 유비의 처자식을 비롯해 장령과 관원의 가족을 모두 포로로 잡게 되었다. 이후 우여곡절 끝에 유비는 다시 처자… …의 성품이 이런 위기사항을 자초한 근원이었음은 말할 것도 없다. 이렇듯 장비는 인정도 많고 실수도 많은 미워할 수만은 없는 인물이었다.

장비

강력한 추진력이 빛나는

장비 張飛, 167~221

『삼국연의』는 장비를 당대 최고의 맹렬한 장수로 그려 놓았다. 조조가 형주를 칠 당시 홀로 당양의 장판교 위에 버티고 서서 급히 추격해 오는 조조군에게 일갈을 퍼부어 물리친 장면이 이를 뒷받침한다. 정사에는 책략을 구사할 줄 아는 유장의 모습도 등장한다. 그는 차가운 이미지의 관우와 여러모로 대비된다. 술과 사람을 지나칠 정도로 좋아했기 때문이다. 속에 있는 생각을 곧바로 입 밖으로 내뱉으며 행동으로 옮긴 까닭에 부하들에게는 엄격한 사람으로 여겨졌다. 장비는 유비가 관우의 복수를 위해 성급히 동오 정벌에 나설 당시 덩달아 좌충우돌하며 울분을 토하다가 취중에 부하들에게 피살되고 말았다.

CEO의 삼국지

술과 사람을 좋아한
거친 장수

『삼국연의』는 장비를 난폭하고 거칠면서도 인정이 많은 인물로 그려 놓았다. 무용 또한 관우에 버금갈 정도로 절륜하다. 장판파에서 조조의 대군을 물리치는 장면은 그의 이러한 특징을 잘 보여준다.

"조조가 형주로 들어오자 유비가 강남으로 달아났다. 조조가 그를 추격하여 하루 낮 하루 밤이 지나 당양현 장판까지 이르렀다. 유비는 조조가 곧 도착할 것이라는 소식을 듣자 처자식을 버린 채 달아났다. 이때 장비에게 20여기를 주면서 후방을 차단하게 했다. 장비는 강물을 점거하여 다리를 끊은 뒤 눈을 부릅뜨고 소리치기를, '나는 장익덕이다. 나와 결사적으로 싸울 자가 있는가'라고 했다. 이에 감히 접근하는 자가 없었다. 이로 인해 유비는 비로소 위기를 모면할 수 있었다."

장비는 거칠기만 한 인물은 아니었다. 술과 사람을 좋아하는 인정이 많은 인물이기도 했다.
그러나 술은 장비로 하여금 여러 차례 실수를 저지르게도 하였다.

강직함이 화를 부르다

장비는 난폭하고 거친 모습으로 기억된다. 지나치게 강직한 성격은 불의를 참지 못해 시시때때로 사고를 일으키곤 했다. 경극에 나오는 장비가 얼굴에 검은 분칠을 하고 있는 것도 이런 그의 성격과 무관치 않을 것이다.

장비는 거칠기만 한 인물은 아니었다. 술과 사람을 좋아하는 인정이 많은 인물이기도 했다. 그러나 술은 장비로 하여금 여러 차례 실수를 저지르게도 하였다. 대표적인 예로 유비가 하비를 장비에게 맡겼을 때의 일화를 들 수 있다.

당시 유비는 진등에게 장비를 감시하라고 지시했다. 술을 퍼마시고 있던 장비는 부장 조표의 반란에 놀라 급히 휘하 장령들과 경황 없이 도주하는 바람에 유비의 가족을 그대로 두고 나오고 말았다. 이에 여포는 유비의 처자식을 비롯해 장령과 관원의 가족을 모두 포로로 잡게 되었다.

이후 우여곡절 끝에 유비는 다시 처자식을 만나게 되었지만 장비의 유사한 실수는 이후에도 몇 차례 계속되었다. 술과 사람을 지나칠 정도로 좋아했던 장비의 성품이 이런 위기사항을 자초한 근원이었음은 말할 것도 없다.

인정이 많은
공격적 경영자

장비에게는 지나치게 강직한 성격 때문에 쉽게 흥분하는 약점이 있었으나 매양 그런 모습만 보인 것은 아니었다. 오히려 그는 상황에 따라서 책사를 무색하게 할 정도의 지략을 발휘하곤 했으며 넓은 인정도 베풀 줄 아는 장수 중의 장수였다.

호걸을 사로잡는 높은 안목

익주를 점령할 당시 제갈량은 유비의 서신을 받고는 마량과 미축 등에게 관우를 보좌하도록 조치한 뒤 장비 및 조운 등과 함께 군사를 이끌고 익주를 향해 떠났다. 그는 강을 거슬러 올라가 파군태수 엄안이 지키고 있는 파동巴東을 공략할 생각이었다.

이에 먼저 정병 1만 명을 장비에게 주어 큰 길을 따라 파주와 낙성의 서쪽으로 가도록 했다. 자신은 조자룡을 선봉으로 삼고 강을 거슬러 올라가 성도에서 장비의 군사와 만날 생각이었다. 엄안은 강궁을 당기고 대도를 사용할 줄 아는 최고의 맹장이었다. 그는 장비의 군사가 왔다는 보고를 접하자 즉시 군사 6천 명을 내보내 맞받아치려고 했다. 이때 한 사람이 건의했다.

"장비는 효장이니 우습게 보아서는 안 됩니다. 해자를 깊이 파고 성을 높이 쌓아 굳게 지키면 저들은 양식이 적어 한 달이면 자연히 물러날 것입니다. 장비는 성미가 열화 같아 수시로 군사들을 매질하는 자이니 우리가 굳게 지키면 필시 노할 것이고, 노하면 사나운 기운으로 군사를 대할 것입니다. 군심이 동요할 때 치면 가히 그를 사로잡을 수 있습니다."

엄안이 그 말을 좇았다. 장비가 성 앞에 도착하자마자 곧바로 싸움을 걸었으나 그는 들은 척도 하지 않았다. 다음날 엄안은 망루 위에서 활을 쏘아 장비의 투구를 맞췄다. 장비가 삿대질을 하며 이를 갈았다.

"내가 만약 네 늙은 놈을 잡는 날에는 기어코 네 살점을 뜯어먹고 말테다."

이 날도 날이 저물자 또 그대로 돌아왔다. 사흘째 되는 날 장비는 산 위에 올라가 성안을 굽어보았다. 성안에서는 군사들은 나오려고 하지 않고 많은 인부들이 분주히 오가며 벽돌과 돌을 운반해 수비벽을 더욱 튼튼히 하고 있었다. 마침내 장비가 엄안을 유인해 내는 계교를 짜냈다. 샛길을 찾아 우회하는 척 하며 자신의 모습과 비슷한 가짜 장비를 앞에 내세워 엄안을 유인한 것이다. 엄안은 이 계책에 말려 이내 사로 잡히고 말았다. 장비는 입성하자마자 방문을 내붙여 백성들을 안심시켰다.

얼마 후 병사들이 엄안을 끌고 들어왔다. 엄안은 무릎을 꿇으려 하지 않았다. 장비가 큰소리로 힐난했다.

"대군이 이미 도착했는데 왜 투항하지 않고 감히 저항했는가."

엄안이 오히려 나무랐다.

"너희들이 무례하게 우리 땅을 침탈했기 때문이다. 이곳에는 오직 목숨을 걸고 싸우다가 머리가 잘리는 단두장군斷頭將軍만 있을 뿐 적에게 투항이나 하는 항장군降將軍은 없다."

장비가 좌우에 명하여 그의 목을 치도록 했다. 엄안은 태연한 표정으로 장비를 엄히 꾸짖었다.

"목을 자르겠으면 그냥 자를 것이지 성은 왜 내는 것인가."

이에 장비는 문득 기쁜 표정을 지으며 섬돌을 내려가 엄안의 결박을 풀어주고 옷도 가져다 입혔다. 이어 그의 팔을 잡아 당상의 복판에 앉히고는 공손히 절을 했다.

"말을 함부로 한 것을 달리 생각지 마십시오. 내가 본래 노장군이 호걸임을 잘 알고 있었습니다."

당시의 상황을 세밀히 묘사해 놓은 『삼국연의』는 엄안이 이내 장비의 의기에 감복해 항복하는 것으로 그려 놓았다. 장비의 난폭한 모습에 친숙한 독자들은 오히려 이를 허구로 생각하기 쉬우나 이는 사서에 나오는 엄연한 사실이다. 『삼국지』「장비전」을 보면 장비가 넓은 아량으로 강직하고 곧은 엄안을 심복시킨 사실을 분명히 확인할 수 있다.

엄안을 감복케 만든 계책은 호걸을 사랑할 줄 아는 장비의 독자적인 판단에서 나온 것이었다.

엄안을 알아본 장비의 안목을 높이 평가하지 않을 수 없다. 장비가 자신을 낮추어 패장을 오히려 존중하는 모습을 보이는 것은 극히 감동적이다. 당시 엄안이 장비에게 밝힌 심복의 배경 설명이 이를 뒷받침한다.

"선비는 자신을 알아주는 사람을 위해 목숨을 바친다고 했소."

유비가 익주를 손에 넣게 된 것은 장비의 공이 컸다. 이는 장비에게 심복한 엄안이 앞장서서 길을 안내했기 때문이었다. 당시 장비가 엄안에게 성도로 쳐들어갈 계책을 묻자 그는 이렇게 건의했다.

"패전지장이 장군의 두터운 은혜를 입었으나 갚을 길이 없으니 견마의 수고나마 다할까 합니다. 구태여 화살 한 대도 쓸 것 없이 바로 성도까지 들어갈 길이 있습니다."

"그게 어떤 것이오."

"여기서부터 낙성까지는 모든 관소가 이 늙은 사람의 관할 하에 있고 관군도 모두 저의 수하에 있습니다. 제가 선봉이 되어 앞으로 나가면서 이르는 곳마다 장령들을 모조리 불러내 장군에게 항복하도록 만들겠습니다."

장비가 크게 기뻐하며 그를 선봉으로 내세웠다. 과연 이르는 곳마다 엄안은 장령들을 일일이 불러내어 투항하도록 만들었다. 간혹 주저하며 결단하지 못하는 자가 있으면 이렇게 타일렀다.

"나도 항복을 했는데 자네가 왜 그러는 것인가."

이후 소문을 듣고 나머지 장령들도 모두 귀순한 까닭에 장비는 한

번도 접전을 벌이지 않았다. 익주의 군민들 역시 이 얘기를 듣고 촉의 군주인 유비를 매우 도량이 넓은 인물로 생각했다.

엄안을 심복시킨 대목은 지략을 겸비한 장비의 진면목을 여실히 보여준 셈이다. 『삼국연의』를 교정한 청대의 모종강은 총평에서 이렇게 적고 있다.

"장비의 평생에 몇 가지 통쾌한 일이 있다. 독우를 매질하고, 여포를 꾸짖으며, 장판파에서 일갈을 하고, 아두를 도로 탈취한 일 등이다. 그러나 이런 용맹도 엄안을 사로잡은 지략을 따를 수 없고, 엄안을 사로잡은 지략 역시 엄안을 풀어준 지혜를 따라갈 수 없다."

과감한 선제공격으로 승리를 낚아채다

촉한이 성립된 이후 장비가 보여준 대표적인 무훈으로 3파三巴전투를 들 수 있다. 원래 장비가 장합을 깬 3파전투는 건안 20년(215) 10월에 일어난 사건이었다. 그럼에도 『삼국연의』는 건안 22년(217) 10월부터 건안 24년(219) 5월까지 전개된 한중대전漢中大戰 중에 일어난 사건처럼 묘사해 놓았다. 제갈량을 미화하기 위해 역사적 사실을 왜곡해 놓은 것이다. 『삼국연의』에서 동오의 주유와 노숙은 비록 폄하되어 묘사되었어도 나름대로 지혜도 있고 천진함을 지닌 인물로 등장했으나 조조의 수하에 있던 장합은 형편없는 졸장부로 왜곡되고 말았다.

3파전투 당시 장비가 장합을 깨뜨린 것은 사실이다. 그러나 한중대전의 첫 접전이라고 할 수 있는 건안 23년(218) 3월의 전투는 장비가 일방적으로 패한 싸움이었다. 그럼에도 『삼국연의』는 모두 장비의 승전으로 둔갑시켜 놓았다. 『삼국연의』에서 한중대전 당시 장합이 연이어 장비에게 패한 것으로 묘사된 배경이 여기에 있다.

『삼국연의』의 해당 대목을 보면 나관중의 의도를 쉽게 알 수 있다. 3파전투 당시 장비는 장합이 계속 영채 밖으로 나올 기미를 보이지 않자 영채 앞에 나와 매일 술을 마시며 장합을 성 밖으로 유인하려고 했다. 첩자가 이 사실을 보고하자 장합은 직접 산꼭대기에 올라가 내려다보았다. 과연 장비는 술을 마시며 군졸 2명을 놀이삼아 씨름을 시켜놓고는 이를 즐기고 있었다. 장합이 대노했다.

"장비가 나를 너무도 업신여기는구나."

그리고는 영을 내려 이날 밤 장비의 영채를 겁략했다가 장비의 계략에 말려 대패하고 말았다. 비록 역사적 사실에 기초한 것이기는 하나 장비는 지혜로운 장수로, 장합은 우매한 장수로 만들어 대비시키려는 속셈을 적나라하게 드러낸 것이다.

당시 3파전투는 그 의미가 매우 컸다. 이 전투는 익주의 뒷덜미에 해당하는 파군巴郡에서 일어난 것으로 당시 유비의 입장에서 볼 때는 익주를 지키기 위해 무조건 승리를 거둬야만 했던 국가존망의 방어전이었다. 다행히 장비가 장합의 진공을 막아냄으로써 유비는 일단 일촉즉발의 위기상황에서 벗어날 수 있었다.

그러나 당시 유비가 위기상황에서 완전히 탈출했던 것은 아니었다. 하후연이 이끌고 있던 조조군이 한중을 기반으로 익주를 노리고 있었기 때문이다. 유비로서는 그야말로 집 앞의 대문을 적에게 점거당한 꼴이 되었던 것이다. 당시 유비는 익주를 점거한 지 얼마 안 된 상황이었기 때문에 한중을 공략할 생각은 꿈도 꾸지 못했다. 이 와중에 빚어진 것이 바로 한중대전이었다.

　한중대전은 장장 1년 반에 걸친 대전이었다. 유비군은 초기에 장합이 이끄는 조조군에게 격파당해 위기에 몰렸다. 그러나 얼마 후 하후연이 황충에게 죽임을 당하면서 전세가 완전히 역전되었다. 조조의 명으로 건안 24년 5월 조조군이 완전히 철수함으로써 한중은 유비의 손바닥 위에 떨어지게 되었다. 이후 유비는 한중왕에 올라 동오의 손권 및 위나라의 조조와 더불어 명실상부한 정족지세를 이루게 되었다.

　결과적으로 3파전투와 한중대전에서 장비와 장합은 3년의 시간차를 두고 일승일패를 서로 교환한 셈이다. 『삼국연의』는 비록 3파전투를 한중대전과 뒤섞어 장비가 연승한 것처럼 묘사해 놓기는 했으나 유비가 한중을 거머쥐는 과정에서 장비의 공이 컸다는 점을 감안하면 그리 탓할 일도 아니다.

　실제로 3파전투 당시 장비가 유비의 기대에 부응해 50여 일 만에 장합을 깨뜨린 것은 높이 평가할 만하다. 이 접전에서 장비가 승리하지 못했다면 손에 넣은 지 얼마 안 된 익주는 다시 크게 동요할 수밖에 없었다. 익주가 함몰될지도 모르는 위기 상황에서 장비는 선제공격을 감행해 장합을 깨뜨림으로써 촉한을 구해내는 대공을 세운 셈이다. 기업경영의 관점에서 볼 때 당시 장비가 세운 공은 공격경영의 전형으로 간주할 만하다.

CEO 의 삼국지

성급한 결단은 늘 화를 부른다

 장비는 늘 성질이 급한 것이 탈이었다. 성급한 결단이 그의 비명횡사를 자초한 꼴이 됐기 때문이다. 장비는 술을 마시면 함부로 부하 병사들에게 매질을 하곤 했는데 이것이 그를 최후로 몰고 간 단초가 되었다. 「장비전」은 이렇게 기록한다.

 "장비는 군자를 경애하면서도 소인을 불쌍히 여길 줄 몰랐다."

죽음을 부른 화급한 성미

 장비의 고질은 관우가 동오 군사에게 잡혀 죽었다는 소식을 들은 후 더욱 심해졌다. 그는 술이 취하기만 하면 더욱 노기가 뻗쳐 조금이라도 비위에 거슬리는 자가 보이면 매질을 가했다. 하루는 사자가 내려오자 장비가 곧 연회를 베풀어 대접하면서 사자에게 물었다.

"둘째 형님이 해를 입은 원한이 바다처럼 깊은데 조정 신하들은 어찌하여 폐하께 빨리 군사를 일으키라고 상주하지 않소."

사자가 사실대로 보고했다.

"우선 위나라부터 멸한 뒤 오나라를 치도록 하라고 권하는 사람들이 많습니다."

장비가 대노했다.

"옛날에 우리 세 사람이 결의할 때 생사를 같이 하기로 맹서했다. 이제 불행히 둘째형님이 중도에 돌아가셨는데 내 어찌 홀로 부귀를 누릴 수 있단 말인가. 내가 역적을 사로잡아 둘째 형님의 영전에 바쳐 지난날의 맹서를 저버리지 않겠다."

그리고는 마침내 사자와 함께 성도로 올라와 동오 정벌에 나설 것을 촉구했다. 유비가 이를 받아들이자 그는 곧 좌우에 영을 내려 3일내로 백기^{白旗}와 백갑^{白甲}을 장만토록 했다. 상복차림으로 동오 토벌에 나설 생각이었다. 이튿날 말장^{末將}인 장달과 범강이 그에게 건의했다.

"백기와 백갑을 모두 마련하려면 말미를 좀 늦춰야 합니다."

장비가 또 다시 화를 냈다.

"당장 역적이 있는 곳에 가지 못하는 게 한인데 너희들이 감히 내 명령을 어기려 든단 말인가."

장비는 이들을 나무에 매달고 각각 50대씩 매질을 가했다. 매질이 끝난 후에는 삿대질을 하며 호되게 꾸짖었다.

"내일까지 모든 것을 다 갖추도록 하라. 기한을 지키지 못하면 목을 벨 것이다."

두 사람은 영채로 돌아가 대책을 의논했다. 범강이 말했다.

"내일까지 무슨 수로 다 마련해 놓는단 말인가. 이내 그 자의 손에 죽고 말 것이다."

장달이 제안했다.

"그 자의 손에 죽느니 차라리 우리 손으로 그 자를 죽이자."

"그 자 앞에 함부로 가까이 갈 수 없으니 어찌하나."

장달이 대답했다.

"우리가 죽지 않을 운수라면 그 자가 술에 취해 침상에 쓰러져 잘 것이고, 우리가 죽을 운수라면 그 자가 술에 취해 있지 않을 것이다."

당시 장비는 여느 때와 마찬가지로 대취해 잠이 들어 있었다. 범강과 장달은 초경初更쯤에 단도를 몸에 지니고 몰래 장중으로 들어갔다. 이들이 단도를 꺼내 장비의 배를 찌르자 장비는 외마디 소리를 지르고는 그 자리에서 죽었다. 그의 나이 55세였다.

분노를 다스릴 줄 알아야 진정한 승자

원래 장비는 관우와 달리 아량도 있고 인재를 아낄 줄 아는 덕장의 면모를 갖추고 있었다. 그러나 의분을 절제하지 못한 것이 화근이었다. 난세에 무절제하게 성정을 그대로 표출하는 것은 위험한 일이다. 진수는 『삼국지』에서 이같이 평했다.

"장비는 1만 명의 적을 상대할 만하여 당대의 영장으로 대의로써 엄안을 풀어주었으니 국사國士의 풍모를 지니고 있었다고 할 만하다. 그러나 그는 포학하고 은혜를 베풀지 않았다. 그가 실패한 것은 이치상 그럴 수밖에 없는 것이었다."

화를 다스릴 줄 아는 것은 훌륭한 명사의 중요한 조건이 아닐까.

C E O 의 삼 국 지

불황기에 더욱 돋보이는 장비의 리더십

　중국의 비약적인 경제발전을 두고 적잖은 사람들이 중국 전래의 기업가 정신에서 그 원인을 찾고 있다. 중국의 실리콘 밸리로 불리는 베이징 중관춘을 가보면 이를 실감할 수 있다. 이곳에는 총 7,000개가 넘는 하이테크 기업들이 중국의 미래를 책임지고 연구에 몰두하고 있다. 규모 면에서 보면 우리나라 대덕특구의 기업 수보다 무려 7배나 많은 기업들이 들어와 있다. 2004년에 IBM PC 부문을 인수해 세계를 놀라게 했던 중국 최대의 PC업체 롄샹도 이곳 출신이다.

　기업가 정신은 패배를 두려워하지 않는 도전정신과 불굴의 의지를 말한다. 치열한 국제경쟁에서 살아남을 수 있는 정신이 바로 이 기업가 정신이다. 산업혁명을 선도한 영국이 한때 세계를 호령하는 '해 지지 않는 제국'을 건설했다가 이내 쇠락한 제국으로 침몰하게 된 것도 기업가 정신의 부침으로 설명할 수 있다. 기업가 정신의 유무가 곧 국가 흥망의 관건으로 작용하고 있는 것이다.

공격경영으로 정상을 노리다

2009년에 사상 처음으로 한국의 무역흑자가 일본을 앞질렀다. 세계적인 경제위기 여파로 다른 나라 기업들이 몸을 사린 상황에서 삼성과 LG, 현대기아를 비롯한 많은 대기업들이 오히려 공격적인 투자를 시도한 것이 주효한 결과였다. 우리나라 기업이 세계 시장 점유율을 늘려가는 저력을 발휘하고 있는 것은 공격경영의 소산으로 보아야 한다.

문제는 이를 기업 전반으로 확산시키는 일이다. 이를 주도하고 있는 회사가 한화그룹이다. 지난 2009년 9월, 한화의 김승연 회장은 '하반기 경영전략회의'에서 약 6조 5000억 원에 달하는 대규모 투자계획을 확정지으면서 임직원들에게 인식과 자세의 전환을 독려했다.

"우리가 제시한 '위대한 도전 2011'은 새로운 미래를 개척하기 위해 지속적으로 추진해나가야만 하는 생존전략이다. 현재의 상황변경에 따라 한 단계 업그레이드하여 계속 추진해나가야 할 것이다."

그의 이런 주문은 그간의 보수적인 내실경영에서 과감히 탈피해 적극적인 공격경영에 나설 것을 예고한 것으로 풀이되고 있다. 그가 목표로 삼고 있는 것은 한화를 초일류 글로벌기업으로 키우는 일이다.

김승현 회장은 장비의 성정을 그대로 닮은 것으로 널리 알려져 있다. 특유의 거칠게 밀어붙이는 경영스타일이 그것을 잘 보여주고 있다.

원래 우리나라는 사농공상으로 대표되는 성리학의 억압적인 신분 질서 하에서도 조선 후기에 개성의 송상松商과 동래의 내상萊商, 의주의 만상灣商 등이 열정적으로 활약하는 등 충만한 기업가 정신의 전통을 갖고 있다. 반세기 가까운 식민시대와 뒤이은 6.25 내전의 어두운 과거에도 불구하고 한강의 기적을 만든 것이 그 증거이다. 세계적인 경제위기 속에서 IMF환란 당시의 뼈아픈 상처를 교훈으로 삼아 OECD 국가 중 가장 먼저 위기를 탈출한 것도 이런 전통에서 비롯되었다고 할 수 있다. 세계적인 불황 속에서 많은 대기업들이 오히려 공격적인 투자를 시도하고 있는 것은 극히 고무적인 일이다.

C E O

12

조자룡이 유비에게 거리낌없이 잘못을 지적한 것은 그가 지닌 선비로서의 풍모를 보여…
라를 멸하면 손권은 자연스럽게 복종할 것입니다. 지금 조조가 비록 죽었다고는 하나 그…
하면 관동의 의사**는 반드시 양식을 싸가지고 와 우리 군사를 맞이할 것입니다. 위나…
게 전쟁에 나섰다가 대패하고 말았다. 조자룡의 충고가 더욱 돋보이는 이유이다. 이를 두…

趙子龍

삼 국 지

비가 재장들의 만류를 뿌리치고 동오 정벌에 나설 때 진면목을 드러냈다. 그는 이렇게 간했다. "나라의 적은 조조이지 손권이 아닙니다. 위나 도둑질했으니 응당 민심에 부응해. 먼저 관중을 도모해야 합니다. 이후 황하를 점거하여 위수의 상류를 거슬러 올라가 적을 쳐야 합니다. 그리 라와 싸워서는 안 됩니다. 한번 교전하면 쉽게 해결이 날 수 없으니 이는 결코 상책이 될 수 없습니다." 그러나 유비는 이를 물리치고 무리하 ㅑ. "황충과 조자룡이 강하고 용맹하여 유비의 조아爪牙(수족 같은 측근)가 된 것은 마치 한고조 때의 관영과 하후영을 닮았다고 할 수 있다."

조자룡

오너 마인드의 소유자

조자룡 趙子龍, 181~234

『삼국연의』는 제갈량과 관우 이외에도 조자룡을 미화하는 데 많은 공을 들였다. 적진 속에서 좌충우돌하며 유비의 유일한 혈육인 아두를 구해내는 장면을 마치 눈앞에서 보듯이 생생하게 그려낸 것이 그 증거이다. 당시 그는 시종 뛰어난 무략과 겸양지덕을 발휘하며 맡은 일을 묵묵히 해내는 유장의 전형을 보여주었다. 관우가 죽은 후 유비의 성급한 동오정벌을 간곡히 만류한 것은 그의 유장으로서의 면모를 잘 보여준다. 그는 복수전 실패의 유한을 품고 죽은 유비를 비롯해 목이 잘려 조조에게 보내진 관우와 부하에게 척살을 당한 장비, 북벌 도중 사마의의 지구전 계략에 넘어가 이내 진몰하고만 제갈량 등과 달리 자연수명을 다했다. 이러한 그의 탁월한 행보는 중국인들이 그에게 각별한 사랑을 쏟는 이유일 것이다.

CEO 의 삼국지

겸손과 정의로 똘똘 뭉친
의로운 장수

조자룡은 나관중이 가장 정성을 들여 그려낸 인물이라고 해도 과언이 아니다. 출중한 외모와 대담하면서도 섬세한 마음씨, 고상한 인품 등을 잘 그려냈다. 나관중이 『삼국연의』를 쓰면서 조자룡에게 여성독자를 끌어들이는 역할을 맡긴 것이 아니냐는 지적이 있을 정도이다. 실제로 경극에서는 그를 너무 아낀 나머지 도원결의의 일원으로 집어넣기도 한다. 오랫동안 얼마나 많은 독자들이 그에게 열광했는지를 방증하는 대목이다.

사실 언행을 볼지라도 조자룡은 삼국시대의 여타 장수들이 보여주지 못한 독특한 매력을 발산하고 있다. 그는 평생 춘추대의春秋大義를 좇았다. 춘추대의는 난세를 평정해 백성을 도탄에서 구해내는 것을 의미한다. 유비가 익주를 탈취한 뒤 성도의 여러 주택과 과수원을 제장들에게 나눠줄 때 조자룡은 민심을 얻는 것이 더 중요한 일이라며 이를 거절했다. 춘추대의를 몸소 실천한 셈이다.

눈앞의 이익보다 최선의 의를 추구하다

조자룡이 유비에게 거리낌없이 잘못을 지적한 것은 그가 지닌 선비로서의 풍모를 잘 보여준다. 조자룡의 충고는 유비가 제장들의 만류를 뿌리치고 동오 정벌에 나설 때 진면목을 드러냈다. 그는 이렇게 간했다.

"나라의 적은 조조이지 손권이 아닙니다. 위나라를 멸하면 손권은 자연스럽게 복종할 것입니다. 지금 조조가 비록 죽었다고는 하나 그의 아들 조비가 제위를 도둑질했으니 응당 민심에 부응해 먼저 관중을 도모해야 합니다. 이후 황하를 점거하여 위수의 상류를 거슬러 올라가 적을 쳐야 합니다. 그리하면 관동의 의사義士는 반드시 양식을 싸가지고 와 우리 군사를 맞이할 것입니다. 위나라를 놓아둔 채 먼저 오나라와 싸워서는 안 됩니다. 한번 교전하면 쉽게 해결이 날 수 없으니 이는 결코 상책이 될 수 없습니다."

그러나 유비는 이를 물리치고 무리하게 전쟁에 나섰다가 대패하고 말았다. 조자룡의 충고가 더욱 돋보이는 이유이다. 이를 두고 진수는 이같이 평했다.

"황충과 조자룡이 강하고 용맹하여 유비의 조아爪牙(수족 같은 측근)가 된 것은 마치 한고조 때의 관영과 하후영을 닮았다고 할 수 있다."

황충을 관영, 조자룡을 하후영에 비유한 것이다. 관영과 하후영 모두 유방의 측근으로 활약하며 전한제국의 건국에 대공을 세운 인물들이다. 특히 하후영의 경우는 유방이 어지러운 행보를 보일 때마다 누차 직언을 하여 이를 저지한 바 있다. 한번은 항우에게 패한 유방이 경황없이 하후영이 모는 수레에 올라타 도주하면서 어린 아들과 딸을 수레 밖으로 내몬 적이 있다. 말이 지쳐 있는 데다 적이 뒤에서 추격해와 다급한 김에 두 자식을 발로 차 수레 밖으로 내친 것이다. 하후영은 그때마다 말없이 수레에서 내려 유방의 자식들을 수레에 태우는 일을 반복했다.

유비도 유방처럼 누차 처자식을 사지에 놓아둔 채 홀로 도주한 바 있다. 장판파 전투에서 조조의 군사에게 쫓길 때에는 조자룡이 가까스로 구해낸 유선을 땅에 내던지기도 했다. 유방의 행보와 닮아 있다. 진수가 조자룡을 하후영에 비유한 것은 바로 이런 점에 주목한 것으로 보인다.

조자룡의 선비로서의 면모는 사람을 대하거나 일을 처리할 때 늘 겸양지덕謙讓之德을 발휘한 데서 극명하게 나타난다. 인품이 그만큼 뛰어났다는 것이다. 실제로 그는 뛰어난 무용과 지략을 발휘해 유선의 목숨을 구하는 등 많은 공을 세웠으나 단 한 번도 이를 과시한 적이 없었다. 자신보다 늦게 합류한 마초와 황충이 높은 벼슬을 받았는데도 전혀 화를 내는 기색이 없었다. 자신의 능력에 대한 자부심이 강했던 관우와 대비된다. 후대인들이 조자룡을 제갈량 못지않게 좋아하게 된 것은 그의 이런 덕장 행보 때문일 것이다.

지혜와 덕과 용기로 무장하다

조자룡은 지혜와 덕, 용기 이 세 가지를 모두 갖춘 인물이었다. 촉한의 장수 중 그만큼 지략이 출중한 장수는 그리 많지 않았다. 대표적인 예로 한중대전 때 그가 구사한 공성계空城計(성 안에 아무 방비가 없는 것처럼 꾸며 적을 유인하는 계책)를 들 수 있다. 사서를 보면 삼국시대 당시 실제로 공성계를 구사한 사람은 조자룡과 위나라 장수 문빙, 단 두 사람 뿐이었다.

조자룡이 구사한 공성계는 그의 담략膽略(담력과 꾀)이 어떠했는지를 잘 보여주고 있다. 한번은 서황이 이끄는 위나라 군사들이 패주하는 촉군을 급히 추격한 적이 있었다. 이들이 촉군의 영채 앞에 이르렀을 때, 이미 날은 어둑어둑 저물고 있었다. 이때 조자룡은 영채의 문을 굳게 닫고 방어하자는 제장들의 건의를 물리치고 공성계를 구사했다. 영채의 문이 활짝 열려 있는 가운데 영채 안에는 깃발도 꽂혀 있지 않고 북소리도 나지 않았다. 이를 본 위나라 군사들은 혹여 매복이 있을 것을 우려해 이내 말머리를 돌려 돌아가기 시작했다.

이때 조자룡이 창을 들어 흔들자 전고 소리가 진동하면서 강노의 시위를 떠난 화살들이 위나라 군사를 향해 비 오듯 쏟아졌다. 촉군이 얼마나 되는지 알 수도 없는 상황에서 화살이 비 오듯 쏟아지자 위나라 군사들이 사방으로 궤주했다. 한수 강변으로 몰려가면서 물에 빠져 죽은 자가 부지기수였다.

『조자룡별전』에 따르면 원래 조자룡은 당초 공손찬을 좇아 원소 토벌에 나섰다가 이후 원소에게 몸을 의탁한 것으로 되어 있다. 이는 원소의 휘하에 있다가 공손찬에게 귀의하는 것으로 되어 있는 『삼국연의』의 내용과는 정반대되는 것이다. 사서의 기록을 종합해 볼 때 그는 공손찬에게 실망해 형의 죽음을 핑계로 고향으로 갔다가 이내 원소의 휘하로 들어가 활약하던 중 우연히 업성에서 유비와 만나 그의 휘하로 들어간 것으로 짐작된다.

당시 그에 대한 유비의 신임은 대단했다. 이런 일화가 있다. 유비가 당양에서 조조에게 쫓겨 도주할 때 어떤 사람이 달려와 조자룡이 북쪽으로 도주했다고 보고했다. 이를 들은 유비는 크게 화를 냈다. 울화가 치민 그는 수극手戟을 집어던지며 이같이 호통을 쳤다.

"조자룡은 결코 나를 버리고 도주할 사람이 아니다."

『삼국연의』에 생생히 묘사되어 있듯이, 당시 유비의 경호대장 역할을 맡고 있던 조자룡이 적진을 뚫고 들어가 유선을 구하는 등 영웅적인 모습을 보인 것은 사서의 기록과 일치한다. 훗날 손권의 여동생인 손부인이 7세의 유선을 안고 촉한을 떠나는 것을 도중에 저지해 유선을 빼앗아 오는 대목 역시 사서의 내용과 거의 같다. 결정적인 상황에서 두 번이나 유선의 목숨을 살려낸 셈이다. 유선이 보위에 오른 뒤 조자룡에게 각별한 총애를 보인 것은 이와 무관하지 않을 것이다. 조자룡의 이런 영웅적인 행보는 맡은 바 임무를 기필코 완수하고야 마는 강고한 책임의식이 있기에 가능했다. 실제로 그가 거느린 군사는 촉한의 군사 중 최정예를 자랑했다. '용장 밑에 약졸弱卒 없다'는 속언을 몸으로 보여준 셈이다.

CEO의 삼국지

무한한 신임을 얻어
탄탄한 기반을 구축하라

조자룡은 유비가 죽은 뒤에도 제갈량을 따라 많은 무공을 세웠다. 그러나 읍참마속이 빚어지는 제갈량의 제1차 북벌 당시 그는 등지와 함께 기곡으로 출격했다가 패했다. 다행히 그는 부하들을 잘 거둔 까닭에 그다지 큰 병력손실을 입지는 않았다. 평소 그가 휘하 군사를 잘 다스린 덕분이었다.

당시 조자룡은 패배의 책임을 지고 자청하여 진군장군鎭軍將軍으로 폄강貶降(벼슬의 등급이 내려감)되었다. 제갈량이 의아하게 생각해 등지에게 물었다.

"가정의 패배는 너무 피해가 커 장차 군사들을 수습하기가 쉽지 않은 상황이었소. 그러나 기곡에서는 군사들을 거의 잃지 않았는데 그가 폄강을 자처한 것은 어찌된 일이오."

등지가 대답했다.

"사실 그는 자신이 직접 나서 군사의 뒤를 끊었기 때문에 군용물자와 장비 등을 거의 잃지 않았고 군사들 또한 잃을 이유가 없었습니다. 그러나 그는 승리하지도 못한 터에 조금이라도 손상을 입었으니 책임을 지지 않을 수 없다며 스스로 폄강을 청했습니다."

제갈량이 찬탄했다.

"참으로 조자룡다운 모습이다."

당시 조자룡에게는 군용물자로 지급된 비단이 제법 많이 남아 있었다. 제갈량이 이를 거두어 장병들에게 나눠주려고 하자 조자룡이 반대했다.

"군사 상 아무 공도 세우지 못했는데 무슨 이유로 상을 주는 것입니까. 청컨대 이 물자들은 전부 창고에 넣어두었다가 겨울용 하사품으로 사용하기 바랍니다."

사서는 제갈량이 이때부터 조자룡을 더욱 공경하게 되었다고 기록해 놓았다. 사실 공과 사를 엄격히 구분하는 그의 이런 자세는 촉한의 여타 장군에게서는 전혀 볼 수 없는 모습이기도 했다.

그는 제갈량이 제2차 북벌을 준비할 때 병사했다. 그의 부음을 접한 제갈량은 들고 있던 술잔을 내던지며 통곡했다.

"조자룡이 나를 두고 참으로 세상을 떠났단 말인가."

성도에 있던 유선도 그의 부음 소식을 듣고 목을 놓아 통곡했다.

"짐은 그가 아니었다면 일찍이 난군 속에서 죽고 말았을 것이다."

우리는 조자룡의 모습에서 주변 사람들에게 신임받는 몇 가지 비결을 배울 수 있다. 특별히 대표되는 것들은 '오너마인드$^{owner-mind}$'와 '지혜와 덕과 용기' 이 두 가지일 것이다.

오너마인드로 회사를 내 것처럼

델컴퓨터의 창업주인 마이클 델은 지난 2004년 경영 일선에서 물러났다가 회사가 위기에 처하자 2007년에 전격 복귀해 회사를 위기에서 구해냈다. 빌 게이츠와 함께 미국 컴퓨터 업계의 신화를 쓴 애플사의 스티브 잡스도 지난 1985년 경영분쟁으로 회사를 떠났다가 1997년에 복귀한 뒤 위기의 애플을 초일류 글로벌기업으로 다시 키워냈다. 독일의 세계적 자동차 업체인 보시, 미국의 곡물 메이저인 카길, 스웨덴의 유명 가구업체인 이케아 등도 가족기업으로 금융위기를 슬기롭게 극복해나가고 있는 경우이다.

포드를 비롯한 미국과 유럽의 상당수 글로벌 기업들이 경제난 극복을 위해 오너 경영 체제로의 전환을 모색하고 있다. 금융위기 이후 글로벌 경영현장에서 나타나고 있는 두드러진 현상 중 하나를 꼽으라면 바로 오너 복귀를 들 수 있다.

오너 복귀의 효력은 매우 크다. 미국의 포드는 지난 2001년 10월 헨리 포드의 5세인 윌리엄 클레이 포드 주니어를 사장 겸 최고경영자에 임명했다. 경영 실패의 책임을 지고 물러난 전문경영인 잭 내서 사장의 구원투수로 나선 것이다. 포드 가문의 전면 등장은 지난 1979년에 헨리 포드 2세가 사임한 후 무려 22년 만의 일이었다. 이 때문인지는 몰라도 GM은 금융위기로 일거에 몰락한 반면 포드는 오히려 시장

지분을 더욱 늘려나갔다.

　이는 불확실성이 고조되면서 그 어느 때보다 먼 앞날을 내다보고 결단을 내릴 수 있는 강력한 리더십이 절실히 요구된 결과였다. 전문경영인 체제하에서도 위기를 능히 극복해 나갈 수는 있으나 위기의 수위가 높아질수록 오너 경영의 필요성이 더 커질 수밖에 없는 것이다. 회사의 존망이 걸린 절체절명의 위기 상황에서는 사즉생의 결단을 내릴 수 있는 오너의 리더십이 더욱 돋보이게 마련이다. 아무 것도 없었던 상황에서 회사를 일궈낸 뚝심과 경험이 이런 결단을 가능하게 만드는 것이다.

　최근 25개 글로벌 챔피언 기업에 대한 연구 결과 카리스마가 넘치는 오너의 존재가 가장 큰 특징으로 꼽힌 점은 시사하는 바가 크다. 닌텐도의 이와타 사토루와 애플의 스티브 잡스, 릴라이언스인더스트리스의 무케시 암바니, 아메리카모빌의 카를로스 슬림 등이 대표적인 인물이다. 이들 모두 단기적인 전술보다 장기적인 전략을 중시한다. 소유와 경영을 엄히 나누며 단기이익에 치중하는 영미의 경영방식에 커다란 이의가 제기되고 있는 이유이다.

　원래 기업의 소유 구조는 해당 국가의 경제발전 역사 및 법제도 등에 의해 좌우된다. 소유와 경영을 나누는 식의 특정 기업구조를 보편적인 원리로 간주하는 기존의 고정관념을 과감히 떨쳐버릴 필요가 있다.

　그러나 기업의 소유구조에 관한 논란은 전술적인 차원에 불과하다. 보다 중요한 것은 위기상황에서 커다란 밑그림을 그리고 사즉생의 결단을 내릴 수 있는가 하는 위기의 리더십이다. 많은 나라에서 오너 경영에 대한 재평가가 뒤늦게 이뤄진 것은 사즉생의 오너마인드가 위기

상황을 극복하는 핵심관건이라는 사실을 제대로 깨닫지 못했기 때문이다.

그러나 삼국시대 당시 조자룡은 이를 몸소 보여주었다. 조자룡처럼 기업구성원들이 모두 회사를 내 회사로 여기고 최선을 다해 일한다면 좋은 결과를 얻지 못할 리 없다.

지혜와 덕과 용기에 기초한 품질경영

지혜와 덕과 용기. 이 세 가지를 두루 갖춘 조자룡은 그야말로 삼국시대의 이상적인 신하요, 장수였다. 기업도 필요한 소양을 두루 갖출 수만 있다면 그보다 더 좋은 이익창출의 조건은 없을 것이다. 그러나 이는 말처럼 쉬운 일이 아니다. 소비자의 입장에서 기업에 가장 기대하는 부분은 상품의 품질이다. 때문에 기업은 이 품질에 최선의 노력을 쏟아야 한다. 조자룡의 지혜와 덕과 용기, 이 세 가지는 품질개선을 위해 가장 많이 요구되는 중요한 소양일 것이다. 궁극적으로 소비자에게 전해지는 기업의 혼은 바로 해당 기업의 서비스와 제품을 통해 이루어지기 때문이다. 품질경영의 중요성이 여기에 있다.

대다수 사람들은 품질이라는 말들 들으면 곧바로 생산공장부터 떠올린다. 사실 삼성과 LG의 생산공장은 말할 것도 없고 벽돌을 찍어내는 일반 중소기업의 작업장에 이르기까지 제조공장을 보유하고 있는 모든 기업은 하나같이 품질제일주의를 내세우고 있다. 질 좋은 제품의 개발 및 생산은 모든 기업이 떠안고 있는 절대과제이다. 품질경영은 수출입에 익숙한 우리나라의 모든 기업이 구두선처럼 내세우는 중요한 경영철학이다.

그러나 품질경영은 결코 생산공장에만 맡겨서는 안 된다. 최고경영자의 강력한 리더십 아래 품질혁신을 전사적으로 실천해 나가야만 소기의 성과를 기대할 수 있다. 기획과 디자인, 기술개발이 동시에 진행되어야 한다. 또한 향후 고객이 될 사용자에 대한 깊은 이해를 토대로 그들의 요구를 채워줄 아이디어를 내고, 그 아이디어를 기술적으로 구현해야만 한다. 이는 기업CEO에게 창업자에 준하는 비상한 결단과 마음가짐을 주문하는 이유이기도 하다.

이를 잘 구현한 인물로 애플의 스티브 잡스를 들 수 있다. 그는 늘 창업자의 자세로 업무에 임해 위기의 애플을 구해냈다. 2010년 초 뒤늦게 한국에 소개되자마자 기존의 통신시장 구조를 완전히 뒤바꿔 놓은 아이폰의 발명이 그 실례이다. 아이폰은 제품의 완성도를 위해 이미 알려진 기술적 난제들을 뚝심으로 해결해낸 스티브 잡스의 분신이기도 하다. 그는 창조경영과 디자인경영, 고객경영, 품질경영이 불가분의 관계를 맺고 있음을 몸으로 보여주었다.

삼성전자는 새 제품을 가장 먼저 만드는 '월드 퍼스트'와 최상의 품질로 만들어낸다는 '월드 베스트'의 목표를 세워 글로벌기업으로 비상했음에도 아이폰과 같은 발명품을 만들어 내지 못했다. 스마트폰시장에서 살아남지 못할 경우 자칫 이건희 전 회장이 질타한 것처럼 다시 구멍가게로 전락할 수도 있을 것이다.

아이폰은 전 세계인의 찬사를 받고 있음에도 끊임없이 월드 베스트가 되기 위해 노력하고 있다. 월드 베스트는 고객이 만족하지 않는 제품은 결코 만들지 않겠다는 품질경영의 기본철학이 있어야만 가능한 일이다. 21세기는 고객만족의 차원을 넘어 고객감동을 추구해야 하는 시기가 되고 있다. 이것이 바로 글로벌 경기침체 속에서 살아남을 수 있는 비결일 것이다. 최근 시장지배력을 꾸준히 강화해 나가고 있는 국내 일부 중소기업들의 공통점은 독보적인 기술력을 바탕으로 세계 최고 수준의 제품을 만들어낸 것에 있다.

CEO의 삼국지

품질경영이
일등을 만든다

21세기의 치열한 품질전쟁에서는 오직 1등만이 살아남을 수 있다. 1등이 되는 길은 멀고도 험한 길이지만 그 보답은 크다. 과학기술의 발전으로 인해 전 세계를 시장으로 삼을 수 있기 때문이다. 이는 공산품 등의 통상적인 시장에 국한된 것도 아니다. 오히려 더 큰 시장은 전 세계를 뜨겁게 달군 '해리포터' 열풍이 증명하듯 지식시장에 있다.

조선조 말기의 김정희는 당대 최고의 경지에 오른 추사체를 남겼다. 그는 천하제일의 신념을 가진 완벽주의자였다. 벼루 10개가 닳아 없어질 정도로 연습을 한 것은 그의 신념을 잘 보여준다. 그는 제자들에게 늘 매사에 최선을 다할 것을 당부했다. 추사체는 천하제일을 향한 그의 집념이 응결된 결과물이었다.

원래 기업 전체에 창조적인 문화가 배어 있지 않다면 혁신적인 신제품이나 서비스가 창출되기 힘들다. 신제품은 늘 리스크를 동반하기 때문이다. 새롭다고 해서 무조건 좋은 것도 아니다. 반드시 고객에게 가치 있는 것이어야만 한다. 이는 동양 전래의 이용후생利用厚生 정신과 맥을 같이 하는 것이다.

이제 한국의 기업도 중국과 인도의 무한질주로 인해 미국과 일본 등 선진국이 간 길을 열심히 쫓아가는 것으로 만족했던 구태를 과감히 벗어던져야만 한다. 이를 소홀히 할 경우 생존조차 장담할 수 없는 상황에 처하게 된다. 현재 중국 및 인도보다 더 싸게 물건을 만들어낼 수 있는 나라는 존재하지 않는다. 앞으로도 이런 상황은 오랫동안 지속될 것이다. 살아남는 길은 우리 조상들이 고려청자를 만들어냈듯이 현대의 우리도 고유의 브랜드 가치를 향유할 수 있는 최상의 신제품을 꾸준히 만들어 내는 것밖에 없다.

이것이 과거의 추종자 문화에서 과감히 탈피해 세계시장을 선도하는 선구자 문화로 나아가는 길이다. 안팎의 경영환경은 정점에 올라선 한국의 기업에게 일대의 변신과 실패를 두려워하지 않는 과감한 도전을 요구하고 있다. 실패학의 창시자 하타무라 요타로는 최근 삼성이 초일류 글로벌기업으로 약진하는 상황을 두고 이렇게 분석했다.

"삼성의 전략에서 가장 중요한 것은 일본을 모방하는 것을 20년 전에 그만 둔 것에 있다."

그럼에도 한국의 대다수 기업은 참신하고 뛰어난 아이디어를 사장시키는 경우가 많다는 지적을 받고 있다. 기술신용보증기금이 실패한 기업가를 신용불량자로 만들고 있는 풍토가 논거로 제시된다. 하나의 성공작이 만들어지기까지 수많은 실패 과정을 거치게 마련인데도 이를 용납지 않고 조급증을 보이고 있는 것이다. 멀리 내다보고 각 방면의 인재를 꾸준히 육성하는 풍토 조성이 절실히 요구된다.

품질경영으로 최고가 된 일본

당초 일본은 품질경영에 관한 20세기 최고의 대가인 미국의 통계학자 데밍의 가르침을 좇아 세계시장을 석권한 것을 기념해 지난 1951년부터 지금까지 꾸준히 데밍상을 수여해 오고 있다. 데밍은 제2차 세계대전 직후 맥아더 장군의 통계고문으로 일본에 왔다. 당시 그는 라디오와 TV를 통해 일본 기업인들에게 품질관리의 중요성을 역설하면서 이렇게 장담했다.

"내 말대로 하면 수년 안에 일본제품이 세계시장을 장악하게 될 것이다."

당시 일본의 기업인들은 전쟁으로 폐허가 된 마당에 그가 시키는 대로 해도 더는 손해볼 것이 없다고 생각해 광적으로 그의 제언을 실행에 옮겼다. 이후 품질경영에 박차를 가한 일본이 서서히 미국과의 경쟁에서 우위에 서게 되자 1980년대에 들어와서는 미국이 일본을 배우는 상황까지 벌어졌다. 품질을 극도로 중시한 그의 조언이 일본을 세계 최고수준의 제품을 만드는 경제대국으로 만든 셈이다.

실제로 1980년대 당시 미국의 경제상황은 제2차 세계대전 이후 최악의 상황에 빠져 있었다. 무역수지 적자는 해마다 최대치를 경신했다. 1970년대 말까지만 해도 자동차와 TV, 카메라, 복사기 등 당시로서는 최첨단에 해당하는 산업제품 시장은 모두 미국의 독무대였다. 그러나

1980년대에 접어들면서 품질경쟁에서 일본에 이어 독일에까지 밀린 미국의 제품은 설 자리를 잃고 말았다.

반면 당시 일본경제는 전성기를 구가했다. 1989년 일본의 무역흑자는 사상 최대치인 580억 달러를 기록했다. 록펠러센터, 라디오시티 뮤직홀, 콜럼비아 영화사 등 미국을 상징하는 건물과 기업이 모두 일본에 넘어갔다. 이에 미국 정부와 학계, 산업계는 '제2의 진주만 공습'을 들먹이며 경악했다.

식스시그마로 정상을 탈환한 미국

메이드 인 재팬의 최첨단 제품이 무차별적인 상륙을 진행할 당시 미국의 학계와 산업계는 자신들의 패퇴 원인이 고비용 저효율의 구조적 문제라고 생각했다. 실제로 1985년 당시 미국 근로자의 시간당 평균임금은 12.85달러로, 일본의 6.45달러와 독일의 9.60달러보다 훨씬 높았다. 미국정부는 일본과 독일의 통화를 절상하는 안이한 방법을 강구했다. 1987년에 일본의 엔화와 독일의 마르크화가 절상된 결과 일본과 독일의 시간당 임금은 각각 11.44달러와 16.30달러로 올랐다. 그러나 상황은 나아지지 않았다. 임금수준이 경쟁력 차이의 근원이었다는 안이한 해법은 폐기되어야만 했다.

미국정부와 학계, 산업계 인사들은 일본의 경쟁력을 다방면에 걸쳐 면밀히 검토했다. 그 결과, 제품의 품질이 관건이라는 결론이 내려졌다. 원인을 찾아낸 만큼 심기일전의 자세로 반격을 가하는 일만 남았다.

미국은 일본의 데밍상과 유사한 국가적 차원의 품질상이 필요하다는 판단 아래 1887년 국가품질개선법이 제정된 것을 계기로 이듬해에 'MB상' 재단을 설립했다. MB상은 이후 미국 제품의 경쟁력을 끌어올리는 데 결정적인 공헌을 했다. 당시 미국정부의 품질경력 강화 움직임에 앞장 선 인물이 바로 GE의 잭 웰치였다. 그는 모토로라에서 개발한 품질관리 기법인 식스시그마를 도입해 GE의 트레이드마크로 삼았다.

1백만 개의 생산제품 중 3~4개의 불량품만 발생할 수 있는 품질수준을 뜻하는 식스시그마는 완벽에 가까운 제품과 서비스를 찾아낼 목적으로 정립된 품질경영 기법이다. GE가 식스시그마 도입으로 성공을 거둔 이후 이 기법은 품질경영의 상징이 되었다. 식스시그마는 기존의 종합품질관리TQM가 생산품질 자체에 초점을 맞추고 있어 일정한 한계가 있는 데 반해 기업 내 모든 부서의 업무에 적용할 수 있다는 특징이 있다. 한국의 대기업들이 1990년 이후 수십억 원을 투자해가며 경쟁적으로 식스시그마를 도입한 이유이다.

MB상 제정을 계기로 미국이 IT와 BT 등 새로운 분야에서 주도권을 장악하면서 일본도 MB상을 벤치마킹한 '일본경영품질상'을 1996년부터 수여하고 있다. 이는 데밍상의 심사대상에서 누락된 고객만족경영 항목에 초점을 맞춘 데 그 특징이 있다. 상황이 완전히 뒤바뀐 셈이다.

한국은 1975년부터 데밍상을 흉내낸 품질관리상을 시행해오다가 1993년 MB상을 벤치마킹한 '국가품질상'을 제정해 지금까지 이어오고 있다. 이를 바탕으로 품질에 더욱 엄격한 잣대가 세워지기를 기대한다.

■ 참고문헌

1. 기본서

『논어』, 『맹자』, 『관자』, 『순자』, 『열자』, 『한비자』, 『윤문자』, 『노자』, 『장자』, 『묵자』, 『양자』, 『상군서』, 『여씨춘추』, 『안자춘추』, 『춘추좌전』, 『춘추공양전』, 『춘추곡량전』, 『여씨춘추』, 『회남자』, 『춘추번로』, 『신어』, 『손자병법』, 『오자』, 『포박자』, 『안씨가훈』, 『세설신어』, 『신감』, 『잠부론』, 『염철론』, 『국어』, 『설원』, 『전국책』, 『논형』, 『공자가어』, 『정관정요』, 『자치통감』, 『근사록』, 『송명신언행록』, 『사기』, 『한서』, 『후한서』, 『삼국지』, 『진서』, 『신오대사』, 『수서』, 『구당서』, 『신당서』, 『송사』, 『원사』, 『명사』, 『청사고』, 『입이사차기』

2. 저서 및 논문

1) 한국

- 가지이 아쓰시, 『고사성어로 배우는 경제학』, 이동희 역, 모티브북, 2008
- 공학유, 『삼국지 역사기행』, 이주영 역, 이목, 1995
- 과화, 『삼국지 인간력』, 차혜정 역, 스마트비즈니스, 2008
- 곽말약, 『중국고대사상사』, 조성을 역, 도서출판 까치, 1991
- 기타카타 겐조, 『영웅삼국지』, 이계성 역, 서울문화사, 1999
- 김 엽, 「전국·진한대의 지배계층」『동양사학연구』, 1989
- 김문경, 『삼국지의 영광』, 사계절, 2002
- 김용장, 『또 하나의 삼국지』, 범우사, 1997
- 김운회, 『삼국지 바로 읽기』, 삼인, 2006
- 김재웅, 『나관중도 몰랐던 삼국지 이야기』, 청년사, 2000
- 나관중 저 모종강 평개, 『삼국지』 1-10, 황석영, 창비, 2007

- 나관중 저 모종강 평개, 『삼국지』 1-11, 리동혁, 금토, 2006
- 나관중 저 모종강 평개, 『삼국지』 1-10, 장정일, 김영사, 2004
- 나관중 저 모종강 평개, 『삼국지』 1-10, 이문열 평역, 민음사, 2002
- 나관중 저 모종강 평개, 『중국5대기서삼국지』 1-6, 김광열 외 역, 삼성출판사, 1994
- 나관중 저 모종강 평개, 『완역정본삼국지』 1-5, 김구용 역, 삼덕출판사, 1980
- 나관중 저 모종강 평개, 『정역삼국지』, 정원기 역, 현암사, 2008
- 나채훈, 『제자백가의 경영정신』, 지오북스, 2001
- 노중호, 『삼국지 용병학』, 중명출판사, 2002
- 다께다 아끼라, 『조조평전』, 정벽탁 역, 제오문화사, 1978
- 다카시마 도시오, 『삼국지 오디세이』, 이유성 역, 심산문화, 2004
- 뤄지푸, 『삼국지 사실과 허구를 말하다』, 양성희 외 역, 아리샘, 2009
- 리동혁, 『삼국지가 울고 있네』, 금토, 2003
- 리빙옌 외, 『삼국지 처세학』, 허유영 역, 신원문화사, 2008
- 모리야 히로시, 『삼국지로 접근하는 인간학』, 김욱 역, 중명출판사, 2004
- 밍더, 『왼손에는 사기, 오른손에는 삼국지를 들어라』, 홍순도 역, 더숲, 2009
- 박광희, 『리더십, 삼국지에 길을 묻다』, 천케이, 2008
- 박한제, 『영웅시대의 빛과 그늘』, 사계절, 2003
- 부낙성, 『중국통사』, 신승하 역, 우종사, 1998
- 사마광, 『자치통감:삼국지』, 신동준 역, 살림, 2004
- 서울대동양사학연구실 편, 『강좌 중국사』 1-7, 지식산업사, 1989
- 세토 타츠야, 『삼국지 100년 전쟁』, 임희선 역, 애니북스, 2003
- 쉬여우, 『삼국지로 배우는 직장 성공학』, 황보경 역, 비즈포인트, 2006
- 신동준, 『삼국지통치학』, 인간사랑, 2004
- 신동준, 『조조통치론』, 인간사랑, 2005
- 심백준, 『삼국만담』, 정원기 역, 책이 있는 마을, 2001
- 야마구치 히사카즈, 『사상으로 읽는 삼국지』, 전종훈 역, 이학사, 2003
- 요시가와 에이지, 『삼국지』, 이인광 역, 1973
- 위쉐빈, 『삼국지 인간을 말하다』, 이해원 역, 뿌리깊은나무, 2006
- 유동환, 『조조병법』, 바다출판사, 1999
- 이나미 리츠코, 『삼국지 깊이 읽기』, 김석희 역, 작가정신, 2007
- 이마이즈미 준노스케, 『관우전』, 이만옥 역, 예담, 2002
- 이병언 외, 『삼국지 처세학』, 허유영 역, 신원문화사, 2006
- 이재하, 『인간 조조』, 바다출판사, 1998
- 이전원·이소선, 『삼국지고증학』 1-2, 손경숙 외 역, 청양, 1997
- 이종오, 『후흑학』, 신동준 역, 효형, 2003
- 이중톈, 『삼국지 강의』 1-2, 김성배 외 역, 김영사, 2007
- 전기환, 『삼국지에서 배우는 인생의 지혜』, 지영사, 1999
- 전략경영연구소 편, 『경영전략과 삼국지』, 21세기북스, 1994

- 전해종 외, 『중국의 천하사상』, 민음사, 1988
- 정원기, 『최근 삼국지연의 연구동향』, 중문, 1998
- 진수, 『정사 삼국지』, 김원중 역, 민음사, 2007
- 진순신, 『중국의 역사』, 권순만 외 역, 한길사, 1995
- 창얼, 『사무실 삼국지』, 김지연 역, 럭스미디어, 2006
- 청쥔이, 『유비처럼 경영하고 제갈량처럼 마케팅하라』, 박미경 역, 랜덤하우스중앙, 2004
- 최명, 『삼국지 속의 삼국지』 1-2, 인간사랑, 2003
- 최우석, 『삼국지 경영학』, 을유문화사, 2007
- 카노 나오사다, 『제갈공명』, 임종삼 역, 동국출판사, 1983
- 크릴, 『공자: 인간과 신화』, 이성규 역, 지식산업사, 1989
- 하라 요헤이, 『핵심 삼국지』, 김정환 역, 에버리치홀딩스, 2008
- 하야시다 신노스케, 『제갈공명평전』, 심경호 역, 강, 1998
- 한국경제사회연구소 편, 『삼국지 인간학』, 배재서관, 1992
- 황의백 편, 『삼국지의 지혜』, 범우사, 2004

2) 중국

- 金德建, 『先秦諸子雜考』, 北京, 中州書畵社, 1982
- 童書業, 『先秦七子思想研究』, 濟南, 齊魯書社, 1982
- 羅貫中 原著 毛宗岡 評改, 『三國演義』, 臺北, 臺灣文源書局, 1979
- 羅貫中 原著 毛宗岡 評改, 『三國志通俗演義』, 長春, 劉奉文 點校, 吉林人民出版社, 1998
- 盧弼, 『三國志集解』, 中華書局, 2006
- 謝祥皓, 『中國兵學』 1-3, 濟南, 山東人民出版社, 1998
- 徐復觀, 『中國思想史論集』, 臺中, 臺中印刷社, 1951
- 蕭公權, 『中國政治思想史』, 臺北, 臺北聯經出版事業公司, 1980
- 蕭統 著 李善 注, 『昭明文選』 1-3, 北京, 京華出版社, 2000
- 孫祖基, 『中國歷代法家著述考』, 臺北, 進學書局, 1970
- 沈展如, 『新莽全史』, 臺北, 正中書局, 1977
- 梁啓超, 『先秦政治思想史』, 上海, 商務印書館, 1926
- 楊榮國 編, 『中國古代思想史』, 北京, 三聯書店, 1954
- 楊幼炯, 『中國政治思想史』, 上海, 商務印書館, 1937
- 吳辰佰, 『皇權與紳權』, 臺北, 儲安平, 1997
- 王德保, 『司馬光與'資治通鑑'』, 北京, 中國社會科學出版社, 2002
- 王文亮, 『中國聖人論』, 北京, 中國社會科學院出版社, 1993
- 王亞南, 『中國官僚政治研究』, 北京, 中國社會科學出版社, 1990
- 袁閭琨 主編, 『中國兵法十代名典』 1-2, 瀋陽, 遼寧人民出版社, 2000
- 李錦全 外, 『春秋戰國時期的儒法鬪爭』, 北京, 人民出版社, 1974

- 李宗吾,『厚黑學』, 北京, 求實出版社, 1990
- 李宗吾, 著 劉泗 編譯,『李宗吾與厚黑學』, 北京, 經濟日報出版社, 1997
- 李澤厚,『中國古代思想史論』, 北京, 人民出版社, 1985
- 人民出版社編輯部 編,『論法家和儒法鬪爭』, 北京, 人民出版社, 1974
- 張豈之,『中國儒學思想史』, 西安, 陝西人民出版社, 1990
- 張岱年,『中華的智慧-中國古代哲學思想精髓』, 上海, 上海人民出版社, 1989
- 鄭良樹,『商鞅及其學派』, 上海, 上海古籍出版社, 1989
- 曹 謙 編,『韓非法治論』, 上海, 中華書局, 1948
- 趙光賢,「什麼是儒家. 什麼是法家」『歷史敎學』1, 1980
- 趙守正,『管子經濟思想研究』, 上海, 上海古籍出版社, 1989
- 趙翼,『廿二史箚記』1-2, 王樹民 校證, 中華書局, 2001
- 曹操,『曹操集』, 北京, 中華書局, 1959
- 曹操 外,『孫子十家注』, 北京, 中華書局, 1986
- 鍾肇鵬,「董仲舒的儒法合流的政治思想」『歷史硏究』3, 1977
- 周立升 編,『春秋哲學』, 山東, 山東大學出版社, 1988
- 周燕謀 編,『治學通鑑』, 臺北, 精益書局, 1976
- 中華書局編輯部 編,『曹操集』, 北京, 中華書局, 1959
- 曾小華,『中國政治制度史論簡編』, 北京, 中國廣播電視出版社, 1991
- 許盤淸 周文業,「'三國演義' '三國志' 對照本」1-2, 南京, 江蘇古籍出版社, 2002
- 嵇文甫,『春秋戰國史話』, 北京, 中國靑年出版社, 1958

3) 일본

- 加來耕三,『三國志おもしろ意外史 : 諸葛孔明99の謎』, 二見書房, 1991
- 加藤常賢,『中國古代倫理學の發達』, 東京, 二松學舍大學出版部, 1992
- 加賀榮治,『中國古典解析史』, 東京, 勁草書房, 1973
- 岡田武彦,『中國思想における理想と現實』, 東京, 木耳社, 1983
- 高須芳次郎,『東洋思想十六講』, 東京, 新潮社, 1924
- 高田眞治,「孔子的管仲評-華夷論の一端として」『東洋硏究』6, 1963
- 溝口雄三,『中國の公と私』, 東京, 硏文出版, 1995
- 駒田信二 編,『三國志の世界』, 集英社, 1987
- 宮崎市定,『アジア史硏究, 1-V)』, 京都, 同朋社, 1984
- 吉川英治,『三國志』, 六興出版社, 1953
- 渡邊信一郎,『中國古代國家の思想構造』, 東京, 校倉書房, 1994
- 木村英一,『法家思想の探究』, 東京, 弘文堂, 1944
- 尾藤正英,『日本文化論』, 東京, 放送大學敎育振興會, 1993
- 小野勝也,「韓非.帝王思想の一側面」『東洋學術硏究』10-4, 1971

- 小倉芳彦, 『中國古代政治思想研究』, 東京, 靑木書店, 1975
- 松浦 玲, 「'王道'論をめぐる日本と中國」『東洋學術硏究』16-6, 1977
- 守本順一郎, 『東洋政治思想史硏究』, 東京, 未來社, 1967
- 狩野直禎, 『韓非子の知慧』, 東京, 講談社, 1987
- 守屋 洋, 『韓非子の人間學-吾が存に善なる恃まず』, 東京, プレジデント社, 1991
- 安岡正篤, 『東洋學發掘』, 東京, 明德出版社, 1986
- 安野光雅 外, 『三國志談義』, 平凡社, 2009
- 伊藤道治, 『中國古代王朝の形成』, 東京, 創文社, 1985
- 日原利國, 『中國思想史』1-2, 東京, ペリカン社, 1987
- 張 柳雲, 「韓非子の治道與治術」『中華文化復興月刊』3-8, 1970
- 井波律子, 『三國志を讀む』, 岩波書店, 2004
- 周 大荒, 『反三國志』, 渡邊精一 譯, 講談社, 1991
- 中村 哲, 「韓非子の專制君主論」『法學志林』74-4, 1977
- 貝塚茂樹 編, 『諸子百家』, 東京, 筑摩書房, 1982
- 戸山芳郎, 『古代中國の思想』, 東京, 放送大敎育振興會, 1994
- 丸山松幸, 『異端と正統』, 東京, 每日新聞社, 1975
- 丸山眞男, 『日本政治思想史研究』, 東京, 東京大出版會, 1993
- 荒木見悟, 『中國思想史の諸相』, 福岡, 中國書店, 1989

4) 서양

- Ahern, E. M., *Chinese Ritual and Politics*, London: Cambridge Univ. Press, 1981
- Ames, R. T., *The Art of Rulership - A Study in Ancient Chinese Political Thought*, Honolulu: Univ. Press of Hawaii, 1983
- Bell, D. A., 「Democracy in Confucian Societies: The Challenge of Justification」 in Daniel Bell et. al., *Towards Illiberal Democracy in Pacific Asia*, Oxford: St. Martin's Press, 1995
- Cohen, P. A., *Between Tradition and Modernity: Wang T'ao and Reform in Late Ch'ing China*, Cambridge: Harvard Univ. Press, 1974
- Creel, H. G., *Shen Pu-hai, A Chinese Political Philosopher of The Fourth Century B.C.*, Chicago: Univ. of Chicago Press, 1975
- Cua, A. S., *Ethical Argumentation - A study in Hs? Tzu's Moral Epistemology*, Honolulu: Univ. Press of Hawaii, 1985
- De Bary, W. T., *The Trouble with Confucianism*, Cambridge, Mass./London: Harvard Univ. Press, 1991
- Fingarette, H., *Confucius: The Secular as Sacred*, New York: Harper and Row, 1972
- Machiavelli, N., *The Prince*, Harmondsworth: Penguin, 1975
- Moritz, R., *Die Philosophie im alten China*, Berlin: Deutscher Verl. der Wissenschaften, 1990
- Munro, D. J., *The Concept of Man in Early China*, Stanford: Stanford Univ. Press, 1969

- Peerenboom, R. P., *Law and Morality in Ancient China - The Silk Manuscripts of Huang-Lao*, Albany, New York: State Univ. of New York Press, 1993
- Rubin, V. A., *Individual and State in Ancient China - Essays on Four Chinese Philosophers*, New York: Columbia Univ. Press, 1976
- Sabine, G., *A History of Political Theory*, New York: Holt, Rinehart and Winston, 1961
- Schwartz, B. I., *The World of Thought in Ancient China*, Cambridge: Harvard Univ. Press, 1985
- Taylor, R. L., *The Religious Dimensions of Confucianism*, Albany, New York: State Univ. of New York Press, 1990
- Tu, Wei-ming, *Way, Learning and Politics- Essays on the Confucian Intellectual*, Albany, New York: State Univ. of New York Press, 1993
- Waley, A., *Three Ways of Thought in Ancient China*, New York: doubleday & company, 1956
- Wu, Geng, *Die Staatslehre des Han Fei - Ein Beitrag zur chinesischen Idee der Staatsräon*, Wien & New York: Springer-Verl., 1978
- Wu, Kang, *Trois Theories Politiques du Tch'ouen Ts'ieou*, Paris: Librairie Ernest Leroux, 1932

지은이 _ **신동준**

21세기 정경연구소의 소장인 신동준은 이 시대 최고의 고전경영연구가이며 리더십 전문가이다. 서울대 정치학과와 동대학원, 일본의 도쿄대 동양문화연구소의 객원연구원을 거쳤으며 「조선일보」와 「한겨레신문」에서 10년간 정치부기자로 활약했다. 현재, 서울대·외대·국민대 등에서 교편을 잡고 있으며 「월간조선」, 「주간동아」, 「위클리경향」, 「이코노믹 리뷰」 등에 활발하게 칼럼을 게재하고 있다. 「자치통감—삼국지」, 「공자와 천하를 논하다」, 「연산군을 위한 변명」 등 30여 권에 달하는 저서를 펴냈다.

CEO의 삼국지

1판 1쇄 인쇄 2010년 3월 15일
1판 3쇄 발행 2013년 5월 10일

지은이 신동준
발행인 고영수
발행처 청림출판
등록 제406-2006-00060호

주소 135-816 서울시 강남구 도산대로 남38길 11번지(논현동 63)
　　　413-756 경기도 파주시 교하읍 문발리 파주출판도시 518-6호 청림아트스페이스
전화 02)546-4341　**팩스** 02)546-8053

www.chungrim.com
cr1@chungrim.com
ⓒ2010, 신동준

ISBN 978-89-352-0817-3 03320

가격은 뒤표지에 있습니다.
잘못된 책은 교환해 드립니다.